# „Konfliktmanagement" - die CD



## Kienbaum Konflikt Fragebogen

Mit diesem Fragebogen hat Kienbaum ein Instrument entwickelt, mit dem Ihr Verhalten als Fach- oder Führungskraft in Konfliktsituationen – insbesondere in Ihrem Berufsleben – dargestellt wird. Aus den Ergebnissen erstellt Ihnen Kienbaum ein differenziertes Ergebnisprofil und Gutachten.

## Methoden und Checklisten

Was sollen Führungskräfte können?
Welche Konflikte haben Führungskräfte?
Welche Konflikte haben Gruppen?
Wie führen Sie ein Konfliktmanagement-System ein?
Wie analysieren Sie einen Konflikt?
Konfliktmoderation

Einen genaueren Überblick über Systemanforderungen und Installation der CD-ROM erhalten Sie auf Seite 210.

# Konfliktmanagement –
## Konflikte kompetent erkennen und lösen

von
Peter Höher
Friederike Höher

2. Auflage

Haufe
Freiburg · Berlin · München

Die Deutsche Bibliothek – CIP Einheitsaufnahme

Höher, Peter :
Konfliktmanagement : Konflikte kompetent erkennen und lösen /
Peter Höher ; Friederike Höher. – 2., überarb. Aufl.. – Freiburg (Breisgau);
Berlin; München:
Haufe, 2002
ISBN 3-448-04660-4

ISBN 3-448-04660-4 Best.-Nr. 04024-0002


Postanschrift: Postfach, 82142 Planegg
Hausanschrift: Fraunhoferstraße 5, 82152 Planegg
Tel. (0 89) 8 95 17-0, Telefax (0 89) 8 95 17-2 50
E-Mail: online@haufe.de, Internet: http://www.haufe.de
Lektorat: Dipl.-Kffr. Kathrin Menzel-Salpietro, Christine Kühnel



Umschlaggestaltung: Atelier Höpfner-Thoma, 81679 München
Druck: Schoder Druck GmbH & Co. KG, 86368 Gersthofen

Zur Herstellung der Bücher wird nur alterungsbeständiges Papier verwendet.

# Inhaltsverzeichnis

# Vorwort

Führungskräfte investieren etwa ein Fünftel ihrer Arbeitszeit für Maßnahmen und Handlungen im Zusammenhang mit Konflikten. Konflikte sind ständige Begleiter des beruflichen Alltags. Ohne sie gäbe es keine Veränderungen und keinen Fortschritt. Dies fällt besonders auf, wenn hierarchische Strukturen sich in flache und flexible Einheiten verändern, in denen multiprofessionelle oder internationale Teams für einen befristeten Zeitraum zusammenarbeiten.

In den wenigsten Fällen wird bei der Implementation von Projekt oder Teamarbeit die Existenz von Konflikten oder Konfliktpotenzial berücksichtigt. Es werden keine Schritte der Konfliktlösung im Sinne eines Konfliktmanagements etabliert. Bricht dagegen ein Konflikt aus, reagieren die Betroffenen hitzig, hilflos und unprofessionell. Dann wirken Konflikte bedrohlich und zerstörerisch, führen zu Stress, schlechtem Arbeitsklima, Krankheitstagen und zusätzlichen Kosten.

Ein kluger und effizienter Umgang mit Konflikten im Beruf ist gefragt. Doch wie lässt sich das komplexe Konfliktgeschehen steuern? Letztlich wichtiger als Checklisten, die Sie zur Unterstützung Ihres Vorgehens in diesem Buch finden, ist das Konfliktverständnis verbunden mit der persönlichen Konfliktkompetenz.

Wir führen daher zunächst in die speziellen Anforderungen an Führungskräfte ein: Was sind die häufigsten Konfliktursachen im Umfeld der Führungskraft? Was wird von ihr erwartet? Wie kann sie sich in den widersprüchlichen Erwartungen und stressenden Handlungen orientieren und auf sich selbst besinnen? Und wir thematisieren in diesem Zusammenhang die Bedeutung der zwischenmenschlichen Kommunikation.

In den nächsten Kapiteln vermitteln wir Ihnen ein Verständnis von Konflikten als dynamisches Geschehen, in das an verschiedenen Stellen einzugreifen ist, um eine Lösung zu ermöglichen. Wir stellen Ihnen verschiedene Konflikte vor, gehen auf die darin vorherrschenden Themen ein, auf ihre Form und ihren Verlauf. Welche Bedeutung haben

Kooperation und Konkurrenz am Arbeitsplatz in diesem Kontext? Und welche individuellen Einstellungen bei Ihnen selbst oder anderen fördern das Auftreten von Konflikten bzw. ihre Beilegung?

Danach betrachten wir das Konfliktfeld Organisation und Gruppe: Wie und warum treten Konflikte bei der Entwicklung von Teams auf? Was muss bei heterogenen oder sogar multikulturell zusammengesetzten Teams berücksichtigt werden? Wie kann Vielfalt in Gruppen konstruktiv wirken satt destruktiv zu blockieren? Wie blockieren die heimlichen Spielregeln der Organisationskultur gute Lösungen und Vorgehensweisen? Welche Maßnahmen zur Vorbeugung von Konflikten gibt es?

Wir schlagen Ihnen die Einführung eines Konfliktmanagementsystems und die Entwicklung einer Konfliktkultur vor, damit alle Beteiligten an jeder Stelle im Konfliktverlauf eine Orientierung über das weitere Vorgehen und die Konsequenzen ihres Handelns haben.

Wenn es um die eigene Konfliktbewältigung als Führungskraft geht, liefern wir Ihnen einige Hilfsmittel zur Analyse Ihres Konflikts, zum Beispiel Checklisten, und wir empfehlen Ihnen ein Verhalten als Konfliktpartner, der hart und sachlich verhandelt und dabei fair zu den Menschen ist. Wie können Sie konstruktiv mit Ihren Gefühlen, Einstellungen und Wahrnehmungen umgehen? Wie argumentieren Sie interessenorientiert und zielführend? Und wie verhalten Sie sich, wenn die andere Seite sich weigert, zu einer konstruktiven Lösung beizutragen?

Sie erhalten ebenfalls Empfehlungen, wenn Sie als Führungskraft in Konflikte anderer eingreifen wollen, und wir stellen hier die Konfliktmoderation und Mediation als geeignete Vorgehensweise vor, ein in Deutschland zunehmend populäres Verfahren der Konfliktlösung mit einer neutralen dritten Partei.

Wenn Sie neugierig darauf sind, Ihre eigene Konfliktkompetenz zu erfahren, können Sie diese mit Hilfe des *Kienbaum Konflikt Fragebogens*, der sich im Anhang und auf der CD findet, als Selbstdiagnose bewerten lassen. Was charakterisiert eine konfliktfähige Persönlichkeit? Und wie sieht Ihr persönliches Profil im Vergleich zu anderen aus?

Mit diesem Buch haben Sie damit einen Fahrplan zur Bewältigung von Konflikten in Ihrem beruflichen Umfeld. Konfliktbewältigungskompetenz erweist sich jedoch nicht allein in dem Anwenden von Regeln und Empfehlungen, sondern in einem flexiblen und offenen Umgang mit den eigenen Wahrnehmungen und Gefühlen und in der Offenheit anderen Konfliktpartnern gegenüber. Zugleich sollten die eigenen Interessen nicht aus den Augen verloren werden. Es geht dabei um eine innere Haltung, die erlernt werden kann.

Um sie in stressigen und schwierigen Situationen angemessen zum Ausdruck bringen zu können, helfen Feedbacks über das eigene Vorgehen bei Konflikten und eine persönliche Auseinandersetzung mit erfolgreichem und weniger erfolgreichem Verhalten in der eigenen Konfliktgeschichte. Nutzen Sie hierfür Coachings und zum Erlernen der von uns empfohlenen Verhaltenstipps Trainings.

*Friederike Höher*
*Peter Höher*

# Führen heißt Konflikte lösen

*Als Günter an diesem Morgen zur Arbeit fährt, ist ihm nicht wohl. Drei fähige Mitarbeiter hat er für ein hochkarätiges Projekt in Österreich vorgesehen. Allerdings können – wie sich herausgestellt hat – zwei von den dreien nicht mit Paul, dem Dritten im Bunde. Paul, Quereinsteiger in der Branche, ist irgendwie anders. Ihm fehlt der Stallgeruch derer, die von Anfang an dabei sind. Er verhält sich erfrischend unkonventionell in der internen Hierarchie. Ihm fehlt die Betriebsblindheit der anderen, aber auch ein gewisser Respekt vor deren mühsam erworbenen Lorbeeren und ihrem Erfolg in den internen Beziehungen. In der heutigen Teamsitzung werden die anderen wahrscheinlich ihre Vorbehalte ansprechen. Günter hat schon zuvor entschieden, dass er Paul nicht in das Projekt schickt, weil ihm der Frieden zwischen seinen lang gedienten Mitarbeitern wichtiger ist als die innovativen Ideen des Neuen. Allerdings gibt es da ein Problem: Paul ist wegen seines Verhaltens nie kritisiert worden, Günter hat seine Leistungen sogar im Team stets positiv hervorgehoben. Aus einer Protokollnotiz geht außerdem hervor, dass Günter ihm die Projektstelle bereits fest zugesagt hat …*

## Was sollen Führungskräfte können?

Der vorliegende Fall ist keine Seltenheit. Sicherlich haben Sie selbst bereits ähnliche Situationen erlebt. Zwar unterscheiden sich die beteiligten Personen und die Themen, doch fühlen sich viele im Umgang mit Konflikten hilflos. In dieser Hinsicht unterscheiden sich Führungskräfte kaum von ihren Mitarbeitern.

Für alle sind Konflikte etwas Negatives. Sie verursachen Störungen und machen Angst. Am besten wäre es, wenn sie gar nicht erst entstünden. Vielleicht wünschen Sie sich wie viele andere, die Sache mit ein paar psychologischen Tricks erledigen zu können, um schnell zum Alltagsgeschäft zurückzukehren.

Aber die Vorstellung, Konflikte seien allein dadurch zu klären, dass Checklisten befolgt und Vorgesetzte hinzugezogen werden, ist eine Illusion. Vielmehr ist ein tieferes Verständnis des Konflikts als komplexes Geschehen notwendig. Dazu gehören die jeweilige Entwicklung des Konflikts, die Art und Weise, wie die beteiligten Parteien miteinander umgehen sowie ihre jeweiligen Interessen und Verhaltensweisen. Nur auf dieser Basis ist es möglich, zu konstruktiven und dauerhaften Lösungen zu kommen und diese mit den Mitarbeitern dauerhaft zu vereinbaren.

## Konflikte gehören zum beruflichen Alltag

Können Sie sich vorstellen, pro Woche einen ganzen Arbeitstag nur für die Lösung von Konflikten zu verwenden? Aber genau das tun Führungskräfte. Nach einer amerikanischen Untersuchung benötigen Führungskräfte etwa ein Fünftel ihrer Arbeitszeit dafür. Übertragen auf unsere Arbeitsverhältnisse bedeutet das, dass ein Tag pro Woche dem Verhindern, Aufdecken oder Bearbeiten von Konflikten dient. Hierbei spielen vor allem Konflikte in Gruppen und Teams (Intragruppenkonflikte) und zwischen verschiedenen Gruppen oder Abteilungen (Intergruppenkonflikte) eine Rolle.

### Konflikte in Change-Prozessen

Wir leben in einer Zeit der Fusionen und Kooperationen von Unternehmen. Wenn nun Synergieeffekte genutzt werden sollen, werden vielfach Doppelstrukturen und somit auch Arbeitsplätze abgebaut. Das bedeutet, dass unter anderem die mittlere Führungsebene betroffen ist, wenn Unternehmen verschlankt und Hierarchien abgebaut werden. So fragt – unabhängig von Sozialplänen – jeder Betroffene zunächst einmal: Warum ich und nicht der andere? Für jeden Mitarbeiter wird die Konkurrenz um knapper werdende Stellen und Positionen (Ressourcen) zum harten Tagesgeschäft. Wenn ganze Bereiche ausgelagert werden oder Mitarbeiter sich neuen Anforderungen stellen und umlernen müssen, steigt die Gefahr von Konflikten.

Doch es gibt auch den umgekehrten Fall: So wird beispielsweise eine Hierarchiestufe neu eingezogen, um guten Mitarbeitern einen Aufstieg zu ermöglichen und sie so zu motivieren und an das Unternehmen zu binden. Als Beispiel sei hier ein Automobilkonzern genannt, dem nach der Fertigstellung eines Projektes die hoch qualifizierten Projektingenieure zu einem größeren Konzern weglaufen. Die Geschäftsführung lässt daraufhin eine Hierarchiestufe einführen (implementieren), setzt ein neues Projekt auf, pickt sich dafür die besten Ingenieure aus dem Unternehmen und weist ihnen neue Funktionen zu. Die Ausgewählten freut dieses, viele der anderen reagieren mit Grollen auf die vermeintlichen Seilschaften, äußern dies aber nur hinter vorgehaltener Hand. Aus Freunden werden Feinde, somit ist der neue Konflikt vorprogrammiert.

Eine andere Situation liegt bei internationalen Zusammenschlüssen und Aufkäufen vor. Hier werden Belegschaften aus verschiedenen Kulturen zusammengefasst, die sich in Verhalten, Kommunikation und Betriebskultur aufeinander einstellen müssen. Um die daraus entstehenden Konflikte zu lösen, ist interkulturelles Management mit allen Chancen und Risiken gefragt.

## Konflikte trotz Teamfähigkeit?

Auf dem Bewerber- und Stellenmarkt spielt Teamfähigkeit eine herausragende Rolle. In Teams zusammenarbeiten zu können hat oberste Priorität, denn die Aufgaben werden immer differenzierter, das Fachwissen spezialisierter, die notwendigen Fähigkeiten und Fertigkeiten (Skills) allgemeiner. Das führt dazu, dass Menschen, die sich in einem Unternehmen bisher aus dem Weg gehen konnten, nun in einem Team temporär oder permanent zusammenarbeiten müssen. Unterschiedliche Arbeitsweisen, Wert- und Zielvorstellungen sind aufeinander abzustimmen, was vor allem für international zusammengesetzte Teams eine immer währende Herausforderung darstellt.

Um erfolgreich zu sein und zielführend zu arbeiten, muss ein Team einen Weg finden, bei dem alle Mitglieder ihre Skills und ihr Know-how ergänzen. Das daraus resultierende Miteinander bedeutet nicht nur für den Teamleiter bzw. die Teamleiterin einen diplomatischen Kraftakt, der leicht in Spannungen umschlagen kann. Hinzu kommen die individuellen Stärken und Schwächen der Teammitglieder, ihre jeweilige Persönlichkeit und ihre Talente hinsichtlich Sozialkompetenz sowie ihre Fähigkeiten und Gewohnheiten, mit Konflikten umzugehen.

### Sind Konflikte also unvermeidlich?

Für die meisten Mitarbeiter und Führungskräfte ist es heute selbstverständlich, dass Organisationsstrukturen weitgehend offen und dynamisch gehalten werden müssen, um flexibel auf nötige interne und externe Anforderungen reagieren zu können. Doch Veränderungen lösen Widerstand und Stress aus. Die Fähigkeit, Konflikte zu bearbeiten und lösen zu können, hat daher in Change-Prozessen eine herausragende Bedeutung. Für Führungskräfte ist es überlebenswichtig, Konflikte frühzeitig zu erkennen, aktiv anzugehen, diese zu bearbeiten und ihren Verlauf zu steuern.

### Warum gibt es Konflikte?

Befragt man Führungskräfte und Mitarbeiter, wo sie die Ursachen für Konflikte sehen, so werden vorrangig Konfliktursachen genannt, für die Vorgesetzte verantwortlich sind[1]:

**Die häufigsten Konfliktursachen**

| | |
|---|---|
| 1. Die Kommunikation ist unzureichend<br>2. Gegenseitige Abhängigkeit<br>3. Gefühl, ungerecht behandelt zu werden<br>4. Verantwortlichkeiten sind nicht klar geregelt<br>5. Wenig Gebrauch von konstruktiver Kritik | überwiegend die Verantwortung der Führungskraft |
| 6. Misstrauen<br>7. Unvereinbare Persönlichkeiten und Einstellungen<br>8. Kämpfe um Macht und Einfluss<br>9. Groll, Ärger, Empfindlichkeit | eher persönliche Faktoren |

[1] Vgl. Berkel 1997, 38; Regnet 1992, 28

| | |
|---|---|
| 10. Mitgliedschaft in unterschiedlichen Einheiten<br>11. Auseinandersetzung über die Zuständigkeiten<br>12. Belohnungssysteme<br>13. Gesichtsverlust<br>14. Wettbewerb um knappe Ressourcen | eher sachliche Faktoren |

## Was wird von einer Führungskraft erwartet?

Unsere Erwartung an eine bestimmte Person richtet sich zunächst nach der Position, die sie im Unternehmen hat, der Rolle, die sie dort einnimmt. So werden z. B. die Erwartungen an eine Managerrolle von den Menschen festgelegt, die mit ihm oder ihr in Kontakt stehen, also von den Vorgesetzten, Kollegen, Mitarbeitern, Kunden und Lieferanten. Wie sich die Führungskraft in ihrer Rolle konkret verhält, hängt aber davon ab, wie sie die an sie gestellten Erwartungen wahrnimmt und umsetzt. Auch ihre Bedürfnisse, Werte und Einstellungen wirken sich darauf aus, wie er oder sie die Führungsrolle umsetzt.

Nach klassischem Verständnis steigen mit der Höhe der Hierarchieebene die Möglichkeiten, Aufgaben und Rollen eigenständig zu interpretieren und zu gestalten. Andererseits wachsen aber auch die gesellschaftlichen und sozialen Zwänge.

Jede Position im Management ist mit mehreren Rollen verbunden. Gerade das gilt als charakteristisch für diese Positionen. Dabei ist es notwendig, ständig die Rollen zu wechseln, wobei genau das aber zu den Konflikten in dieser Position führen kann.

Die meisten Führungskräfte arbeiten in der typischen Sandwich-Position: Sie sind zugleich Vorgesetzte (z. B. Bereichsvorstand) und Mitarbeiter (z. B. gegenüber der Geschäftsführung). Hinzu kommen privat mindestens die Rollen als Partner bzw. Partnerin und Vater bzw. Mutter. Die daraus resultierenden unterschiedlichen Erwartungen können von den Betroffenen nur selten konfliktfrei ausbalanciert werden.

Sicherlich können Sie die folgende Liste um weitere Aspekte, die Sie aus eigener Erfahrung kennen, ergänzen.

**BEISPIELE FÜR WIDERSPRÜCHLICHE ERWARTUNGEN AN DIE FÜHRUNGSROLLE[2]**

| DIE FÜHRUNGSKRAFT SOLL ... | | |
|---|---|---|
| EINERSEITS | | ANDERERSEITS |
| eigene Interessen verfolgen | ↔ | übergeordnete Ziele anstreben |
| die Mitarbeiter unter Kostengesichtspunkten betrachten | ↔ | jeden einzelnen Mitarbeiter besonders würdigen und fördern |
| verbindliche Regeln für alle vereinbaren | ↔ | den Einzelfall berücksichtigen |
| Distanz wahren, sich unterscheiden | ↔ | kollegialen Umgang pflegen |
| Mitarbeiter lenken | ↔ | Selbstverantwortung und Selbstführung der Mitarbeiter stärken |
| Fachexperte sein | ↔ | Generalist sein |
| Tradition bewahren | ↔ | Innovation fördern |
| mit anderen konkurrieren | ↔ | kooperativ sein |
| nach innen agieren | ↔ | Netzwerke knüpfen |

---

[2] Vgl. auch Rollendilemmata zit. in Berkel 1997, 73

Von allen möglichen Rollen gilt die Rolle des Vorgesetzten – wen wundert es – als die unsympathischste. Weibliche Vorgesetzte empfinden das übrigens stärker als ihre männlichen Kollegen, vermutlich weil sie hier einem größeren Rechtfertigungsdruck ausgesetzt sind als Männer. Wenn nun Vorgesetzte selbst ihre Rolle teilweise als unangenehm erleben, haben es die Mitarbeiter schwerer, sie zu akzeptieren. In schwierigen Situationen definieren solche Manager ihre Rolle stillschweigend in eine Mitarbeiterrolle um: Sie meiden notwendige Gespräche und Entscheidungen, ignorieren Konfliktsignale und übernehmen keine Verantwortung für das Beeinflussen und Bearbeiten von Konflikten.

Aber gerade in diesen Situationen erwarten die Mitarbeiter von ihrer Führungskraft, dass sie die Konflikte aktiv bearbeitet und Entscheidungen fällt. Eine weitere wichtige Fähigkeit von Führungskräften ist es, sich unbekannten Herausforderungen stellen zu können. Wenn keine mündlichen oder schriftlichen Handlungsanweisungen wie ein „Regiebuch“ auf dem Tisch liegen, ist ein hohes Maß an Selbstausrichtung erforderlich, die eigene Rolle muss der Situation entsprechend gestaltet werden können, es ist Selbst- und Rollenmanagement erforderlich. Als Beraterin und Berater erleben wir hier Unterschiede in den verschiedenen Kulturen und Betriebsformen.

Beispiel Frankreich: Hier sind Vorgesetzte noch vielfach in einer patriarchalischen Rolle zu finden, ähnlich wie die Chefs der ersten Generation in inhabergeführten mittelständischen deutschen Betrieben.

Außerdem gab und gibt es vielfach auch noch Unterschiede zwischen den „alten” und „neuen” Bundesländern. In den neuen Bundesländern sind uns oft Menschen begegnet, die in Leitungspositionen anweisungsorientiert sehr gut Arbeiten ausführen können. Weniger selbstverständlich sind für sie Tätigkeiten, die eine hohe Fähigkeit zum Selbstmanagement voraussetzen, wie z. B. Entscheidungen selbst zu treffen oder Verantwortungsspielräume aktiv zu nutzen – typische Fähigkeiten zum Beispiel im Vertrieb.

Kaum verwunderlich ist die Beobachtung, dass viele Führungskräfte nach eigenem Bekunden glauben, keine Schwäche in ihrem Führungsverhalten zeigen zu dürfen. Sie sehen sich teilweise als Schauspieler auf einer Bühne, ohne Textbuch und mit unklaren Regieanweisungen. Das Rollenspektrum reicht dabei vom „Strahlemann“ über den „Pusher“ und Durchsetzer bis hin zum „Vater der Mannschaft“. Rollenangebote für weibliche Führungskräfte scheint es kaum zu geben, was die Unsicherheiten gegenüber Frauen in diesen Positionen erhöhen dürfte.

Allerdings verändern sich im Moment die männlichen Rollen von der „One-Man-Show“ des Cowboymanagements zu Gunsten einer kooperativen Führung in Teams.

In großen Unternehmen nehmen Führungskräfte eher die Rolle des Repräsentanten und des Leaders ein, während in kleineren Unternehmen die Rollen des Koordinators, des Ressourcenverteilers und des Informationsbeschaffers stärker im Vordergrund stehen. Auf unteren Managementebenen sind die Führungskräfte mehr damit beschäftigt, den täglichen Arbeitsablauf aufrechtzuerhalten. Sie geben konkrete Arbeitsanweisungen, um Störungen zu beseitigen, (Krisenmanagement), und Lösungen auszuhandeln (Verhandlungsführung). Obere Managementebenen richten sich hingegen stärker auf extern ausgerichtete Rollen aus.

## Was und Wie arbeitet ein Manager?

Die Managertätigkeit ist durch folgende Hauptcharakteristika geprägt:

- bruchstückhafte Tätigkeiten, d. h. Aufgaben oder Gesprächspartner wechseln rasch,
- verbale Kommunikation überwiegt (ca. 80 Prozent der Arbeitszeit),
- Clientingnetzwerke zur Informationsbeschaffung und zur Durchsetzung von Entscheidungen werden aufgebaut und gepflegt,
- Aktionspläne werden in unmittelbarer Nähe zum Tagesgeschehen entwickelt (implizite Planung),
- aktives Handeln: 60 Prozent aller ausgeführten Handlungen werden von den Führungskräften selbst initiiert.

Aufgrund dieser Muster der täglichen Aktivitäten entsteht ein Bild, das den Manager in einem Sog von Aktivitäten zeigt. Dabei erscheinen die Aktivitäten als schnell wechselnd, wenig geplant und häufig außerhalb der Kontrolle der Führungskraft. Einige Forscher sehen daher die Führungskraft eher in der Rolle des „Surfers“, der auf einer Woge von Ereignissen und Entscheidungen reitet, ohne echte Chance, die Entwicklung zu beherrschen und zu kontrollieren.

Die Führungskraft in der planenden Rolle muss vorausschauend denken und handeln. Von ihr wird erwartet, dass sie Ziele, Mittel und Wege hinsichtlich ihrer zukünftigen Folgen durchdenkt. Führungskräfte legen fest, welche Ziele in welchem festgelegten Ausmaß erreicht werden sollen und welche Maßnahmen dazu ergriffen werden müssen. Unsere Beobachtungen zeigen, dass erfolgreich Planende besonders kommunikations- und kooperationsbereit, motivierend und optimistisch zukunftsorientiert sind.

In der Rolle als Planer ist die Führungskraft unterschiedlichen Erwartungen ausgesetzt, die sich aus der Sandwich-Position ergeben. Sie ist zum einen Planungssubjekt, da sie für die Mitarbeiter verbindliche Zielvorgaben erstellt. Zum anderen ist sie auch Planungsobjekt, wenn sie Planvorgaben höherer Hierarchieebenen zu erfüllen hat. Sofern eigene, ethische Überzeugungen den vorgegebenen Zielen widersprechen (z. B. beim Personalabbau oder der Marketingstrategie), ergeben sich innere Konflikte. Sie können z. B. in Coaching und Rollenberatung zugänglich gemacht und bearbeitet werden.

Auch in der Rolle als Organisator und Organisatorin erfahren Führungskräfte Erwartungen von verschiedenen Seiten. Mitarbeiter wollen kontinuierlich über den Verlauf des Gestaltungsprozesses informiert werden, während die Geschäftsleitung verlangt, dass der Manager bestimmte organisatorische Regelungen einhält. In dieser Rolle ist es besonders wichtig, mit allen am Prozess Beteiligten intensiv zu kommunizieren.

Häufig müssen Vorgesetzte auch Verantwortung für Aufgaben übernehmen, die sie selbst nicht beherrschen. Das erfordert vernetztes Denken und Handeln und ein teamorientiertes Vorgehen bei der Problembearbeitung.

Privat ist der Manager respektive die Managerin oft nicht nur Lebenspartner, sondern gleichzeitig auch Freund, Vater/Mutter oder Funktionär in einem Verein. Da sie beruflich stark belastet sind, können die meisten Führungskräfte oft nur vermindert am familiären Leben teilnehmen. Für ihre eigene Identität und als emotionaler Rückhalt bedeutet die Familie aber sehr viel. Wir beobachten allerdings, dass die menschliche Seite den Berufsrollen stark untergeordnet wird, wenn auch das Life-Balancing-Thema für Führungs- und Nachwuchskräfte zunehmend ein Thema ist. Eine Chance für Frauen beim Zugang zu den Chefetagen?

In einer vom Manager-Magazin durchgeführten Untersuchung gaben 81 Prozent der befragten Manager an, dass sie für den Beruf viel Freizeit opfern. Für nur ein Viertel von ihnen ist Freizeit genauso wichtig wie der Beruf. Dass die Arbeit zu Lasten der Familie geht, gaben mehr als ein Drittel von ihnen an. Oft fehlt Managern auch der emotionale Ausgleich zum Beruf.

Führungskräfte werden im Freundeskreis oft gefragt, inwieweit ihr berufliches Handeln sozial akzeptabel ist. Manchen von ihnen fällt es schwer, die Unternehmensstrategien auch privat zu vertreten. Das gilt insbesondere für Führungskräfte der Chemie- und Pharmaindustrie.

Je höher eine Führungskraft im Unternehmen aufsteigt, desto mehr wird sie gezwungen, den Anforderungen wie Mobilität, Flexibilität und Einhalten der Unternehmenskultur nachzukommen. Das Dilemma von Führungskräften basiert vorrangig darauf, dass interne (betriebliche) Organisationsformen, Standards und Verhaltensweisen den externen, aus dem sozialen Umfeld kommenden, kulturellen und politischen Anforderungen widersprechen.

Neue, Erfolg versprechende Rollen für Führungskräfte sind die des

- Forderers (Manager),
- Förderers (Leader) und
- Feedbackgebers (Critical Friend/Coach).

Der Typ Manager/Forderer setzt Ziele und Handlungsrahmen als Vorgaben, teils auch als Vereinbarung. Führung über Einzelaufgaben steht weniger im Vordergrund. Die partizipativ-kooperative Einbeziehung von Mitarbeitern in der Ausgestaltung von Arbeitsprozessen und in der Art, ein effektives Zielmanagement zu betreiben, erfolgt vor allem im Vorfeld von Entscheidungsvereinbarungen. Mitarbeitern bleibt so ein größtmöglich zur Verfügung stehender Handlungsrahmen, der Eigenverantwortlichkeit betont. Selbstmanagement statt Fremdkontrolle ist ein wesentliches Ziel. Der Leader/Förderer setzt noch stärker auf „weiche“ Handlungsfaktoren der Führung, wie z. B. motivieren, initiieren, bestimmte Dinge zu tun etc. Der Feedbackgeber als Critical Friend oder Coach tritt in Form des Sparringpartners auf. Er gibt dem Coachee konstruktive Verbesserungshinweise in der Sache und – wenn gewünscht – auch in der Verhaltensoptimierung.

Die Rolle des Innovators ist, Unternehmen weiterzuentwickeln. Innovatoren sind stark in Start-up-Companies des Neuen Marktes (z. B. aus dem Softwarebereich) vertreten sowie in Anfangsphasen einer Unternehmung und in kleineren Unternehmen, die sich noch besonders schnell und flexibel an geänderte Verhältnisse anpassen können.

## Wie sieht die Führungskraft von morgen aus?

Die Rollenanforderungen an die Führungskraft der Zukunft sehen wie folgt aus[3]:

**Die Führungskraft der Zukunft**

- denkt vernetzt und ganzheitlich,
- entwickelt Visionen,
- ist kommunikationsstark,
- hat Mut zu Entscheidungen, ist risiko- und konfliktbereit,
- entscheidet kooperativ und integrierend,
- handelt eigeninitiativ und motiviert sich selbst,
- verfügt über hohe Einsatzbereitschaft.

Um herauszufinden, inwieweit Führungskräfte diesen Anforderungen entsprechen, werden bestimmte Instrumente eingesetzt, die die jeweilige Eignung der Person herausfinden, zum Beispiel Management-Poten-

---

[3] Deppe/Peters: Renaissance in der Führungsrolle, in: Gablers Magazinheft 9, Wiesbaden 1993

zialchecks, Assessment-Center etc. Diese ermöglichen, das Selbstbild mit dem Fremdbild abzugleichen.

Ein Beispiel – das Managementprofil von Kienbaum – finden Sie auf der CD-ROM, die diesem Buch beigefügt ist.

Checks dieser Art ersetzen unserer Meinung nach allerdings nicht die Fähigkeit zur Selbstreflexion. Trotz aller Hektik des Tagesgeschäftes ist es erforderlich, dass Sie als Führungskraft immer wieder Ihr Handeln auch vor dem Hintergrund eigener Ziele und Lebensentwürfe reflektieren. Nur so gelingt es, das zu bewahren, was Sie für Ihr (Berufs-)Leben als wesentlich erkannt haben.

## Hören Sie auf sich!

Diese Phasen der Selbstbesinnung sind oftmals davon begleitet, dass sich die berufliche Position verändert, dass man sich auf bestimmte Werte rückbesinnt oder mit etwas Neuem – beruflich oder privat – beginnt.

Ist der Wechsel von Position und Stelle erzwungen worden oder werden andere Veränderungen verlangt, so gehören Rückbesinnungen dazu, wenn die Situation bewältigt und berufliche Aktivitäten neu ausgerichtet werden sollen. Dazu gehört auch, dass Sie Ihre eigenen Fähigkeiten, Ihr persönliches, unverwechselbares Profil erkunden, sich über Ihre Ziele, Ihre Werte klar werden und Verantwortung für Ihr Handeln übernehmen. Wir meinen, dass diese Reflexionsleistung eine permanente Begleitmusik im Handeln der Führungskraft sein sollte. Es ist notwendig, um die wechselnden Rollenerwartungen ausbalancieren und dem eigenen Handeln eine individuelle Orientierung geben zu können.

Um diese Reflexion in Ihr Führungshandeln zu integrieren, empfehlen wir, regelmäßig eine „Re-Vision“ vorzunehmen[4], zum Beispiel einmal

---

[4] Die Übung stammt von Bryan Smith und ist veröffentlicht in Senge/Kleiner/Smith/Roberts/Ross: Das Fieldbook zur Fünften Disziplin. Stuttgart 1996, S. 245 f.

im Jahr, immer zu Ihrem Geburtstag. Sie sollten sich hierfür einen besonderen Rahmen schaffen. Es darf dabei durchaus etwas feierlich zugehen. Die angemessene Grundhaltung ist: „Ich will mal sehen, was ich mir in diesem Moment als Teil meiner eigenen Vision von einem erfüllten Leben wünsche. Und dann will ich nachschauen, wie es im Verhältnis dazu um meine gegenwärtige Realität bestellt ist.“

Beantworten Sie dazu die folgenden Fragen. Wenn Sie einmal im Jahr zu dieser Übung zurückkehren, wird sich die kreative Spannung in Ihrem Leben erneuern:

### Persönliche Re-Vision

- **Lebenszweck:** Wie sieht die gegenwärtige Realität in Bezug auf meinen Lebenszweck und meine größten Hoffnungen aus? Was hat sich geändert?
- **Selbstbild:** Wie sieht mein gegenwärtiges Selbstbild aus? Inwiefern hat sich meine Vision von dem Menschen, der ich gerne sein möchte, geändert?
- **Greifbare Ziele:** Wie ist es um meinen materiellen Besitz bestellt, gemessen an meiner Vision?
- **Wohnung:** Wo lebe ich jetzt? Was hat sich an der Vision meiner Lebensumwelt verändert?
- **Gesundheit:** Wie ist es um meine Gesundheit, Fitness und sonstige körperliche Befindlichkeit bestellt?
- **Beziehungen:** Wie ist meine gegenwärtige Situation in Bezug auf Ehe, Liebe und Freundschaft, auf Vater- oder Mutterschaft und Familie? Was hat sich an meiner Vision von guten Beziehungen verändert?
- **Arbeit:** Wie sieht meine berufliche Situation aus? Wie hat sich meine Vision von einer mir entsprechenden Arbeit verändert?

- **Bestrebungen:** Wie sieht meine gegenwärtige Realität in Bezug auf individuelles Lernen, Reisen, Lesen und andere Aktivitäten aus? Was hat sich geändert?
- **Gemeinschaft:** Wie sieht die Gemeinschaft aus, in der ich lebe und zu der ich mich zugehörig fühle? Was hat sich an meiner Vision der Gemeinschaft geändert?
- **Anderes:** Welche anderen wichtigen Aspekte der gegenwärtigen Realität gibt es? Wie haben sie meine Visionen verändert?

Im Zusammenhang mit Konflikten ist es darüber hinaus wichtig, sich grundsätzlich über die eigene Einstellung zu Streit und Auseinandersetzungen klar zu werden.

### Conflict Roadmap (Individuelle Landkarte zu mir selbst)

- **Vergangenheitsperspektive:** Wie sehen meine bisherigen Lernerfahrungen zu Streit- und Konfliktthemen aus?
- **Bedeutung von Vorbildern:** Welche Standards und Verhaltensmuster sind mir von meinen Eltern oder anderen wichtigen Bezugspersonen bekannt und in Erinnerung?
- **Familienkultur:** Welche Streit- und Konfliktumgangskultur besteht oder bestand in meiner Herkunftsfamilie?
- **Reaktionsmuster:** Kann ich „Wenn-dann"-Reaktionsmuster ableiten, wenn ich an bestimmte Personen oder individuelle Verhaltensweisen denke? Wie sieht der Konfliktkontext aus (Situationen etc.)?
- **Kulturcheck:** Welche Betriebs- und Organisationskultur finde ich vor (Analyse mittels Kulturnavigator)? Wie passt diese zu meinen bisherigen Erfahrungen?

- **Selbstmanagement:** Was ist mein Selbstverständnis in Konfliktsituationen, und wie arbeite ich diesbezüglich an meinen Verhaltensweisen (Selbstlernprozesse)?
- **Proaktives Controlling:** Was sind die Indizes, an denen ich festmachen kann, dass ich in kommenden Konfliktsituationen ein verändertes Verhalten anwenden oder zeigen kann?

Nachdem Sie nun einen Einblick in das Konfliktpotenzial in Führungsrollen bekommen haben, kehren wir zu unserem Eingangsbeispiel zurück. Günters Gefühle und sein Verhalten sind sehr verständlich.

*Günter, auf dem Weg zur Arbeit, spürt seine Belastung deutlich. An der roten Ampel kommt er ins Grübeln. Er fühlt sich schuldig, weil er zu dem schwelenden Konflikt der Mitarbeiter zu lange geschwiegen hat. Das könnten sie ihm als Führungsschwäche auslegen. Er malt sich aus, was geschähe, wenn er sich anders entschiede und Paul nach Österreich schickte. Auch das würden ihm einige als Führungsschwäche auslegen und er würde das Vertrauen seiner alten Mitarbeiter verlieren. Günter ist unsicher, er spürt einen Druck in der Magengegend. Die ganze Situation ist belastend und drängt nach einer Lösung. Zum Glück springt die Ampel auf Grün. Er gibt Gas.*

# Welche Konflikte haben Führungskräfte?

Führen beinhaltet Tätigkeiten, die an sich konfliktbesetzt sind oder leicht Konflikte nach sich ziehen können. Mit welchen Konflikten haben sich Führungskräfte typischerweise auseinanderzusetzen?

## Entscheidungskonflikte

Sich entscheiden zu müssen wird oft als stressig erlebt, besonders wenn Entscheidungen auf der Grundlage unzureichender Informationen oder mit großer Tragweite und unter Zeitdruck gefällt werden müssen. Dies sind keinesfalls Sondersituationen im Managementalltag, sondern Standardsituationen, wie sie Führungskräfte täglich zu bewältigen haben.

Das Empfinden von Stress sowie Angst und Anspannung entlädt sich in zwei Richtungen: als Lähmung, Lustlosigkeit, Bedrückung oder als Nervosität, Hektik und Unruhe. Dahinter steht die Angst vor den Folgen einer Fehlentscheidung sowie Zeitdruck und mangelnde Entscheidungsfreude, weil alle vorliegenden Alternativen unbefriedigend sind.

Menschen neigen unter Stress dazu, stur an eingefahrenen Vorgehensweisen und Verhaltensmustern festzuhalten und neue Informationen und Kenntnisse von Situationen kaum zur Kenntnis zu nehmen. Andererseits ändern sie bisweilen ihre Vorgehensweise zu schnell, ohne neue Informationen genügend zu bewerten. Sie verfallen dabei leicht in blinden Aktionismus. Bekannt ist auch der Typ, der Entscheidungen aussitzt, deren Bedeutung herunterspielt und Verantwortung aus dem Wege geht.

Konstruktiv wäre hingegen ein Vorgehen, bei dem Gewinn und Nutzen in Entscheidungsvarianten sorgfältig gegeneinander abgewogen werden. Hierzu braucht man Zeit, um nach neuen Alternativen zu suchen, zugleich muss der Entscheidungsträger beharrlich an der Zielverfolgung arbeiten. Die Bereitschaft zur kreativen Problemlösung und Querdenkertum spielen hierbei eine bedeutende Rolle. Nutzen Sie in diesem Zusammenhang Regeln für kreative Gruppenarbeit und Techniken der Problemlösung, um Ihren Kopf für Alternativen frei zu machen[5].

## Denkblockaden lösen

Nachdem Sie ein Problem in Ruhe von möglichst vielen Standpunkten betrachtet und analysiert haben[6], ist es hilfreich, sich gedanklich so weit wie möglich von dem Sachverhalt zu entfernen. „Erst einmal eine Nacht darüber schlafen“, lautet ein alter Rat. Beschäftigen Sie sich gezielt mit etwas anderem, verkehren Sie das Problem oder setzen Sie es in einen anderen Zusammenhang. Kreativ Schaffende gehen so vor.

---

[5] Zum Beispiel Wack, Otto Georg/Detlinger, Georg/Grothof, Hildehard: Kreativ sein kann jeder. Hamburg, 1993

[6] Hier bietet sich z. B. die Standort- und Bedarfsanalyse an (Soll- und Ist-Abgleich).

Hierbei ist alles zu denken erlaubt – Zensur findet nicht statt. Also keine Killergedanken wie „das geht sowieso nicht“, „das macht der gar nicht mit“, „das wird zu teuer“ oder Ähnliches.

Nach einer Phase des Gedankenflugs (Umkreisen des Themas), übertragen Sie die „verrückten“ Einfälle gezielt auf die Problemlösung. Erst zum Schluss bewerten Sie, ob die gefundenen Lösungsalternativen realisierbar sind und entscheiden darüber, welches die machbarste Idee ist. Wir zeigen Ihnen als Beispiel eine der Methoden, den Kopf frei zu bekommen[7].

### Die Kopfstandmethode

1. Schritt

Aus der Problemlage ergibt sich eine Fragestellung. Notieren Sie die Frage schriftlich und zwar so, dass der, der handelt, „Ich" genannt wird.

2. Schritt

Dann wird die Frage so umformuliert (auf den Kopf gestellt), dass die Antworten genau das Gegenteil dessen, was gewollt ist, beinhalten: „Was muss ich als Vorgesetzter tun, um ein Projekt zum Scheitern zu bringen?" Schreiben Sie die Antworten auf. Dazu teilen Sie eine Seite mit einem Strich längs in zwei Hälften, die Negativfrage schreiben Sie auf die linke, die positive Ausgangsfrage auf die rechte Seite.

Zuerst wird die linke Seite bearbeitet. Dazu werden nach den Regeln für kreatives Arbeiten sämtliche Ideen und Einfälle zur Negativfrage in die linke Spalte geschrieben. Die gefundenen Ideen müssen stichwortartig so notiert werden, dass jede Formulierung ein Verb enthält.

---

[7] Nach Wack/Detlinger/Grothof 1993

3. Schritt

Nun nehmen Sie sich jede Idee der linken Seite nacheinander vor. Hierbei spielt es keine Rolle, wie wahrscheinlich oder unwahrscheinlich sie ist (Plausibilität). Die Vorschläge formulieren Sie so ins Positive um, dass sie die positive Ausgangsfrage beantworten helfen. Achtung: Die direkte grammatikalische Positivwendung ergibt logisch und sinngemäß nicht immer einen Lösungsvorschlag. In einem solchen Fall formulieren Sie immer nach dem Sinn um (z. B.: Die Ausgangsfrage lautet: „Wie schaffe ich es, das Projekt zu Grunde zu richten?", eine Idee ist: „... mit niemandem mehr sprechen", Positivwendung: „Mit allen sprechen" oder „Mit allen für das Projekt (namentlich aufzählen) wichtigen Menschen sprechen ...").

4. Schritt

Zuletzt wählen Sie aus der Fülle der gefundenen Lösungsideen diejenigen aus, die am interessantesten bzw. realistisch zu verwirklichen sind.

Probieren Sie es aus! Auf diese Weise spielerisch an eine Problemlösung heranzugehen, macht nicht nur Spaß, es bringt Sie auf neue Gedanken. Nutzen Sie Kreativarbeit in Entscheidungskonflikten. Das obige Verfahren eignet sich besonders als Technik für Gruppenarbeit. Wenn Sie Ihr Entscheidungsproblem mit anderen gemeinsam bearbeiten, entfaltet die Methode noch stärker ihre Wirkung. Hier unser Beispiel:

| AUSGANGSFRAGE: „WAS FÜHRT EIN PROJEKT ZUM ERFOLG?“ | | |
|---|---|---|
| „Was muss ich tun, um als Vorgesetzter das Projekt zum Scheitern zu bringen?“ | | „Was kann ich tun, um dem Projekt zum Erfolg zu verhelfen?“ |
| Menschen zusammenbringen, die sich nicht leiden können | ↔ | Workshops zur Teamentwicklung durchführen |
| Intrigieren, es intern schlecht machen | ↔ | Erfolge herausstellen |
| Mich in Konflikten auf die Seite Einzelner schlagen | ↔ | Neutralität wahren, die Sache im Auge behalten |
| Konflikte aussitzen | ↔ | Konflikte ansprechen und zu Konfliktgesprächen ermutigen; den Prozess im Auge behalten |
| Die Leute in die falsche Richtung laufen lassen | ↔ | Steuern |
| Nicht informieren | ↔ | Rechtzeitig Informationen an alle Teammitglieder weitergeben |

Was fällt Ihnen dazu ein?

## BEISPIELE FÜR ENTSCHEIDUNGSKONFLIKTE[8]

Kennen Sie das?

*Sie stehen zwischen zwei Zielen oder Alternativen, die Sie für gleich wertvoll oder attraktiv halten, aber nicht gleichzeitig realisieren können, zum Beispiel, wenn Sie sich zwischen zwei attraktiven Angeboten für einen Job entscheiden müssen.*

Indem Sie eine der Alternativen wählen, müssen Sie auf die andere verzichten (Annäherungskonflikt).

---

[8] In Anlehnung an Berkel 1997, 15 f.

*Sie müssen sich zwischen zwei Alternativen entscheiden, die Sie beide für gleichermaßen unattraktiv halten. Sie haben zum Beispiel das Angebot, entweder intern auf eine andere Position versetzt zu werden, verbunden mit einem Ortswechsel und einer Beschneidung Ihrer Verantwortung, oder aber Sie werden entlassen.*

Solche Vermeidungskonflikte entstehen auch, wenn Sie zwei gegensätzliche Pflichten miteinander vereinbaren müssen: Ein Unternehmen hat beispielsweise nur die Chance zu überleben, wenn es Stellen abbaut – oder es kommt zum Konkurs.

*Eine Person steht vor einer Entscheidung, die sowohl negative als auch positive Konsequenzen haben wird. In dieser Situation befindet sich Günter aus unserem Beispiel: Wenn er dem neuen Mitarbeiter die zugesagte Projektstelle versagt, muss er (in unserem Beispiel) mit arbeitsgerichtlichen Konsequenzen rechnen, aber der interne Betriebsfrieden ist wieder hergestellt. Der Konflikt ist gedoppelt: Wenn er den Mitarbeiter in das Projekt nimmt, kommt es zu internen Konflikten, aber auch zu Produktinnovationen.*

Das Typische an dieser Art von Konflikten ist die Ambivalenz, das gleichzeitige Vorhandensein positiver und negativer Gefühle sowie entsprechender positiver und negativer Konsequenzen. Daher sind folgende Fähigkeiten für das Konfliktmanagement erforderlich: Sie sollten die negativen Konsequenzen einer Entscheidung und entsprechend widersprüchliche Gefühle aushalten können, mit Gefühlen sollten Sie klug umgehen und ein möglichst rationales Vorgehen wählen, um die Entscheidung zu erleichtern.

## Rationale Verfahren zur Entscheidungsfindung[9]

### CAF – Consider all Facts

Listen Sie alle Faktoren auf, die mit Ihrem Entscheidungsproblem zusammenhängen.

Sinn der Methode ist es, möglichst viele Informationen, Einflussfaktoren und Kriterien zu sammeln. Doch nicht alle sind gleichwertig. Sie müssen deshalb Prioritäten setzen, indem Sie die wichtigsten an den Anfang Ihrer Liste setzen. Ihre Liste können Sie nun als Checkliste verwenden, indem Sie die verschiedenen Alternativen anhand der einzelnen Punkte überprüfen. Welche Kriterien werden bei welcher Entscheidung erfüllt?

Unser Beispiel:

*Günter hat ein neues Projektteam zusammenzustellen. Ihm geht es dabei um*

- *hervorragende Leistungen des Teams,*
- *Präsenz unterschiedlichen Fachwissens,*
- *Präsenz unterschiedlicher Persönlichkeiten,*
- *gute Zusammenarbeit im Team,*
- *Akzeptanz im internen Umfeld,*
- *Akzeptanz bei den Kunden.*

---

[9] http://www.zeitzuleben.de/inhalte/entscheidungsfindung/caf.htm/

## PMI – Plus-Minus-Interesting

Sie setzen PMI ein, damit Sie die positiven und negativen Effekte einer Entscheidung und die Alternativen besser einschätzen können. Am besten ist es, wenn Sie zuvor ein CAF durchgeführt haben, um möglichst viele Einflussfaktoren der Entscheidung kennen zu lernen.

Richten Sie Ihre Aufmerksamkeit bitte gezielt jeweils drei Minuten zuerst auf die positiven, dann auf die negativen Aspekte der Entscheidungsalternativen. Schreiben Sie die Ergebnisse auf.

+ steht für positive Aspekte, – für negative und i (= interessant) für Offenes.

Das PMI gibt noch keine klaren Antworten auf die Frage „Welche Alternative ist die bessere?“, denn allein eine quantitative Übersicht über die Anzahl positiver und negativer Aspekte bzw. offener Fragen reicht nicht aus. Erst wenn Sie die einzelnen Aspekte entsprechend ihrer Bedeutung gewichten, erhalten Sie einen genauen Überblick.

## Das gewichtete PMI

1. Die einzelnen Plus- und Minusaspekte bewerten Sie nun mit Zahlen von eins bis sechs. Sechs bedeutet dabei „sehr wichtig", eins „gar nicht wichtig". Schreiben Sie die entsprechende Zahl in Ihre Liste.
2. Zählen Sie dann alle Punkte der positiven Aspekte zusammen.
3. Jetzt zählen Sie die Punkte der negativen Aspekte.
4. Ziehen Sie das Ergebnis der Minusaspekte von dem der Plusaspekte ab.
5. Ist das Ergebnis größer als Null, bedeutet das ein „Ja", ist es kleiner als Null, bedeutet es „Nein". Ist das Ergebnis gleich Null, bedeutet das „unentschieden".

*Günter sieht zwei Alternativen für die Zusammensetzung seines Teams: Entweder er rekrutiert die Mitarbeiter aus dem Stamm der Altgedienten oder er berücksichtigt einen Quereinsteiger (Paul) mit innovativen, aber strittigen Ideen und Vorgehensweisen.*

| Alternative | | | |
|---|---|---|---|
| 1: „Nur die alten Hasen“ | | 2: „Projekt mit Paul“ | |
| + keine Reibungsverluste | 6 | + Endlich passiert etwas Unvorhergesehenes | 2 |
| + intern akzeptiert | 4 | + Innovation ist wahrscheinlich | 5 |
| + beherrschen die informellen Spielregeln | 3 | + Lernchancen für alle Beteiligten | 4 |
| + Ergebnisse und Arbeitsweise sind vorhersehbar | 1 | + erschließt neue Kunden | 6 |
| + Loyalität gegenüber Vorgesetztem ist erwiesen | 6 | + Modernisierung fördert Image der Abteilung | 5 |
| + Kommunikationsprobleme in der Gruppe sind unwahrscheinlich | 4 | | |
| + Routine ist gegeben | 1 | | |
| **Summe Positivaspekte:** | 25 | **Summe Positivaspekte:** | 22 |
| – Wiederholung des immer Gleichen, langweilige Produkte | 5 | – Es kommt zu Störungen und Konflikten | 6 |
| – Abschottung gegenüber Neuerungen | 5 | – Die Beschäftigung mit internen Prozessen geht auf Kosten der Außenorientierung | 5 |
| **Summe Negativaspekte:** | 10 | **Summe Negativaspekte:** | 11 |
| **Summe Positivaspekte minus Negativaspekte: 25–10** | 15 | **Summe Positivaspekte minus Negativaspekte: 22–11** | 11 |

Alternative 1 ist in diesem Fall die interessantere.

## Konflikte bei Kritik und Controlling von Mitarbeitern

Als Führungskraft müssen Sie wissen, inwieweit Mitarbeiter ihren Leistungsanforderungen nachkommen, wo Probleme auftreten und wo nachgesteuert werden muss. Diesen Überblick müssen Sie zum Beispiel haben, wenn Sie Aufgaben delegieren. Beide Seiten, Führungskraft und Mitarbeiter, können diese Situation aber als unangenehm empfinden, weil z. B. folgende Befürchtungen auftreten:

| Befürchtungen des Mitarbeiters | Befürchtungen der Führungskraft |
|---|---|
| Misstraut er mir? | Glaubt er vielleicht, dass ich ihm nicht genügend vertraue? |
| Wie geht er mit mir bei Fehlern um? Habe ich Repressalien zu befürchten? | Wie reagiert er, wenn ich ihn auf Fehler hinweise? Akzeptiert er Kritik in der Sache oder im Verhalten? |
| Kann er überhaupt verstehen, was in meinem Arbeitsbereich los ist? | Fühlt er sich nicht kontrolliert, wenn ich nach seiner Arbeit frage? |
| Welche Rolle spielt es für ihn überhaupt, wenn es gut läuft? | Meint er womöglich, dass ich zu stark kontrolliere, wenn ich ihm Hinweise gebe? |
| Merkt er überhaupt , was ich leiste? Kann er dies auch mitteilen? | Wie viel Lob darf ich ihm geben? Wann hält er es für aufgesetzt? |
| Warum bekomme ich immer mehr Arbeit, wenn ich meine Ziele erreiche? | Was gebe ich ihm an neuen Anforderungen und Aufgaben, damit er sich weiter gefordert fühlt? |

Was fällt Ihnen sonst noch ein?

Natürlich ist es hilfreich, solche Befürchtungen in einer offenen Kommunikation anzusprechen. Die folgenden Tipps erleichtern Ihnen die Situation.

## WIE CONTROLLEN SIE ANGEMESSEN?

**Fairness:** Ihre Mitarbeiter und Mitarbeiterinnen erwarten Feedback als Anerkennung oder Kritik.

- Offen und nicht mit verdeckten Karten kontrollieren.
- Nicht übertreiben, Freiräume lassen.
- Den Mitarbeiter/die Mitarbeiterin wissen lassen, welchen Sinn die Kontrolle hat.

**Transparenz:** Mitarbeiter und Mitarbeiterinnen erwarten mit Recht eindeutige, nachvollziehbare Kriterien.

- Kontrolle stützt sich auf Normen oder Ziele; sie sind sachlich angemessen, betriebsintern bekannt.

**Prägnanz:** Mitarbeiter und Mitarbeiterinnen wünschen eine Beschränkung der Kontrolle auf das Eigentliche.

- Controlling als eingeführtes und regelmäßiges Verfahren z. B. in Form von Feedback-Gesprächen.
- Keine kränkende Fehlersuche.

**Respekt:** Mitarbeiter und Mitarbeiterinnen wünschen Anerkennung und Selbstverantwortung.

- Freundlichkeit und Sachlichkeit.
- Regen Sie an, dass Mitarbeiter und Mitarbeiterinnen selbst auf Fehlersuche gehen.
- Ermöglichen Sie eigenverantwortliches Controlling durch Selbstkontrolle.

Es ist absolut wichtig, dass Kontrollmaßstäbe transparent sind. Die Mitarbeiter und Mitarbeiterinnen sollten sie verstehen und nachvollziehen können. Sie sollten in der Lage sein, sich selbst auf der Basis dieser Kriterien zu kontrollieren.

Wenn Sie Kontrolle angekündigt haben, müssen Sie sie auch durchführen. Andererseits: Wenn Sie bei einer Aufgabe auf Kontrolle verzichten wollen, sollten Sie auch das ankündigen und es tatsächlich unterlassen.

Zu den sensibelsten Aspekten der Kommunikation mit Mitarbeitern zählt die Kritik. Selten sind wir gewohnt, offen und fair auch unangenehme Dinge gegenüber anderen Personen auszusprechen, besonders wenn wir mit ihnen in einem Abhängigkeitsverhältnis stehen. Häufig finden sich hier Ursachen für Konflikte: Zeitnahes Feedback wurde versäumt, Störungen wurden nicht rechtzeitig angemeldet. Wir stellen Ihnen eine Methode vor, mit der Sie Ihrem Gegenüber fair Feedback über kritische Sachverhalte geben und ihn mit Ihren eigenen Wünschen konfrontieren können.

## Fair kritisieren mit der Konfrontationsformel[10]

**1. Einleitung, Gesprächseröffnung und Kontaktaufnahme**

So könnte Günter zu seinem Mitarbeiter Klaus sagen: „Mir ist da etwas an der Kommunikation zwischen Ihnen und Paul aufgefallen, über das ich gern mit Ihnen sprechen möchte."

**2. Wahrnehmung**

Hier schildern Sie „klinisch rein" das wahrgenommenen Verhalten Ihrer Mitarbeiter. Senden Sie unbedingt Ich-Botschaften: „Ich habe in Erinnerung, dass Sie sich in letzter Zeit häufig bei mir über Paul beschwert und seine Leistungen infrage gestellt haben."

**3. Interpretation**

Hier können Sie nun Vermutungen und sogar Unterstellungen äußern, unter der Voraussetzung, dass Sie diese über Ich-Botschaften als solche markieren: „Ich vermute, Sie fühlen sich durch seine Erfolge angegriffen und möchten auf keinen Fall mit ihm in einem Projekt arbeiten."

---

[10] Vgl. Höher/Höher 1999, 51

**4. Gefühl**

Wenn Sie mögen, sollten Sie Ihr Gefühl an dieser Stelle zum Ausdruck bringen: „Ich bin erstaunt, weil ich Ihre Leistungen bisher sehr geschätzt habe."

**5. Einladung zur eigenen Sichtweise (an jeder der oben genannten Stellen möglich)**

Laden Sie Ihren Gesprächspartner zu einer eigenen Meinungsäußerung ein, indem Sie eine offene Frage stellen: „Was ist Ihre Meinung dazu?" „Was halten Sie davon?" „Wie würden Sie sich an meiner Stelle verhalten?" Es wird sich dann ein Gespräch anschließen, in dem Einschätzungen und Argumente ausgetauscht werden.

**6. Wunsch, Appell mit Ich-Botschaft**

(Ich erwarte von Ihnen, ich wünsche mir, ich bitte Sie ...): „Ich möchte, dass Sie Paul direkt Feedback geben über die Verhaltensweisen, die Sie stören, bevor Sie zu mir kommen. Wenn es Probleme gibt, will ich gern bei einer Klärung behilflich sein".

**7. Zusammenfassung des Gesprächs/Vereinbarung**

Senden Sie explizite Ich-Botschaften. Nicht selten verflüchtigen sich Wünsche, Forderungen und Erwartungen in indirekten Appellen. Das hat mehrere Gründe:

- Das eigene (Gesprächs-)Ziel ist nicht genügend bekannt.
- Es wird befürchtet, über eine offene Bitte oder Aufforderung eine Schwäche zuzugestehen oder eine Abhängigkeit zu dokumentieren (Selbstoffenbarungsangst). Führungskräfte befürchten, als autoritär zu gelten.
- Es besteht die Angst, die Bitte oder Aufforderung könnte zurückgewiesen werden, vor allem bei gleichrangigen Kommunikationspartnern in symmetrischer Kommunikation.
- Man möchte die Freiwilligkeit des anderen nicht einschränken. Das widerspräche einem mitarbeiterorientierten Führungsstil.

- Es wird befürchtet, dass dem anderen der Mut zum „Nein“ fehlt und er sich damit völlig und kritiklos den Vorschlägen des Vorgesetzten unterordnet.

Bitte denken Sie daran: Laden Sie Ihren Gesprächspartner zu einer eigenen Meinungsäußerung ein, indem Sie eine offene Frage stellen (wie im Beispiel). Das Vorgehen ist offen, fair und am Mitarbeiter orientiert, da der Gesprächspartner an mehreren Stellen die Möglichkeit hat, den Sachverhalt zu korrigieren:

- Ihre Wahrnehmung mag falsch oder unvollständig sein. Sie als konfrontierende Führungskraft müssen z. B. akzeptieren, etwas übersehen oder nicht gewusst zu haben.
- Ihre Interpretation mag falsch sein. Zwar haben Sie das Verhalten Ihres Mitarbeiters richtig beobachtet, aber die Vermutung über die Hintergründe ist verkehrt.
- Ihr Gefühl ist Wahrheit. Man kann über alles verhandeln, nur nicht darüber, dass man ein bestimmtes Gefühl nicht haben darf. Es ist unmöglich zu verlangen: „Sie sollen sich nicht über mich ärgern.“ Allerdings liegt ein Lerneffekt darin zu erfahren, welche Gefühle das eigene Verhalten bei anderen auslöst.
- Auch die Bitte oder Forderung des Vorgesetzten ist Gegenstand der Erörterung. Ist sie realisierbar und auf welche Weise? Ihr Mitarbeiter kann alternative Vorschläge ins Spiel bringen.

## Richtig kritisieren

**Sachbezogen:** Kritik in der Sache ist in vielen Fällen akzeptiert.

- Ratsam ist es in jedem Fall, Kritik an der Person, genauer: an deren Verhalten, von der Kritik an der Sache zu trennen.
- Konkretisieren Sie Ihre Kritik, was gemeint ist, spielt eine Rolle. Übertreiben und generalisieren Sie nicht. Führen Sie Ihrem Gesprächspartner den gewünschten Zielzustand bei Zielvereinbarungen vor Augen.
- Regulieren Sie Ihre Gefühlsäußerungen (Zorn, Ärger, Wut etc.).

**Respektvoll:** Achten Sie die Persönlichkeit des Kritisierten. Vermeiden Sie Verletzungen.

- Kritisieren Sie unter „vier Augen", nicht vor den anderen.
- Generalisieren Sie nicht, stellen Sie Positives heraus.
- Ermöglichen Sie Mitarbeitern und Mitarbeiterinnen individuelle Sichtweisen und Kommentare.

**Zielführend:** Geben Sie Ihren Mitarbeiterinnen und Mitarbeitern Freiraum zur Selbsterkenntnis.

- Analysieren Sie gemeinsam die Fehlerquellen.
- Durchdenken Sie gemeinsam die Gefahrenpotenziale für weitere Fehler.
- Überlassen Sie Ihrem Gesprächspartner hierbei die Initiative.

**Ermutigend:** Stärkende Kritik spornt die Leistungsbereitschaft an.

- Schenken Sie Ihren Mitarbeitern Vertrauen.
- Gehen Sie nach einem Kritikgespräch positiv auseinander.
- Denken Sie positiv: Unterstellen Sie, dass Ihr Mitarbeiter und Ihre Mitarbeiterin Interesse daran haben, ihr Verhalten zu korrigieren und den Fehler zu beseitigen.

Erfolgreiche Führungskräfte setzen hohe Erwartungen in ihre Mitarbeiter. Sie gehen davon aus, dass sie von sich aus Fehler vermeiden wollen.

## Konflikte und Kommunikation

In Befragungen wird als häufigste Konfliktursache unzureichende Kommunikation genannt. Andererseits ist Kommunikation mit ca. 85 Prozent die Haupttätigkeit von Führungskräften, sei es die zwischenmenschliche Kommunikation, Kommunikation in Sitzungen, telefonisch, nonverbal oder elektronisch. Durch Kommunikation vermitteln Führungskräfte Ziele, intervenieren bei Problemen und Konflikten und bereiten Entscheidungen vor. Sie informieren die Mitarbeiter oder eigene Vorgesetzte, andere Entscheidungsträger oder die Öffentlichkeit und verschaffen sich selbst Informationen durch Fragen und Zuhören.

Doch Kommunikation ist ein so komplexes Geschehen, dass es eher verwunderlich ist, warum wir uns nicht permanent missverstehen.

## Die Bedeutung nonverbaler Kommunikation

Kommunikationsforscher unterscheiden verbale, sprachliche Äußerungen von nonverbaler Kommunikation, wie Gestik, Mimik und Blickkontakt. Hinzu kommen paraverbale Aspekte wie Stimmmodulation, Lautstärke und Sprechtempo. Aus dem Alltag wissen Sie, wie sich diese Dimensionen wechselseitig behindern können und eine Aussage unglaubwürdig erscheinen lassen. Wenn jemand sich mit gesenktem Blick und verschränkten Armen von seinem Gegenüber abwendet, aber zugleich sagt, er sei mit dem Kompromissvorschlag des anderen einverstanden, wird wohl nicht viel an der verbalen Äußerung dran sein. Wenn dagegen die Worte im Einklang mit Auftreten und Redeweise sind, überzeugt der Sprechende.

### Übung[11]

Suchen Sie sich für diese Übung einen Partner oder eine Partnerin, der die folgenden Gefühlszustände in seiner Mimik zum Ausdruck bringen soll, ohne dass Sie wissen, was er genau darstellt. Versuchen Sie herauszufinden, welches Gefühl gemeint ist. Dann wechseln Sie die Rollen.

**Gefühlszustände, die der Partner/die Partnerin darstellt:**

Stress, Unterwürfigkeit, Stolz, Erleichterung, Überraschung, Freude, Angst, Gelassenheit, Wohlbefinden, Enttäuschung, Neugier, Empörung, Langeweile, Schüchternheit, Mut, Erschöpfung, Trauer, Resignation, Wut, Heiterkeit, Überheblichkeit, Verehrung, Müdigkeit, Ärger, Nervosität.

Körpersprache ist immer auch kulturell überformt, denken Sie an die unterschiedlichen Gesten für „Ja“ und „Nein“ als Nicken oder Kopf-

[11] Vgl. Mohl 1993, 23

schütteln, an die Bedeutung des Augen-Niederschlagens in unterschiedlichen Kulturen, an Begrüßungsgesten oder anderes. Deshalb Vorsicht vor zu schnellen Deutungen. Fragen Sie lieber nach, um den Kontext zu verstehen.

Non- und paraverbale Anteile machen etwa 80 Prozent unserer Kommunikation aus. Das bedeutet, wenn sprachliche Aussage („Ich bin bereit, dir ruhig zuzuhören") und nicht-sprachliche Botschaft (lautes Sprechen, hektische, unruhige Bewegungen, Ansätze zum Unterbrechen des anderen) auseinander fallen, überwiegt in jedem Fall die nichtverbale Botschaft. Das Gegenüber reagiert spontan auf die nonverbalen und paraverbalen Bestandteile der Kommunikation. Darin liegt eine erste Quelle für Missverständnisse („Aber ich hab' doch gesagt, dass ich dir zuhören will. Warum sagst du denn nichts?").

Da Kommunikation nicht nur auf Sprache basiert, ist es unmöglich, nicht zu kommunizieren, sobald wir in Gesellschaft von anderen Menschen sind. Gerade ein Schweigen spricht oft Bände. Doch es wird noch komplizierter. Die Botschaft, die der andere uns anbietet, lässt sich in vier Aspekte unterteilen. Hier liegen ebenfalls Ursachen für Missverständnisse.

## Die vier Seiten der Nachricht[12]

1. Jede Nachricht hat eine Tatsachenseite: die Sache, über die gesprochen wird oder das Thema. Die Beziehung zwischen Sender und Empfänger und die Kommunikation zwischen ihnen kann Thema sein. Man spricht dann von Metakommunikation.

2. Jede Nachricht beinhaltet eine Aufforderung, einen Appell – sonst würde sie nicht gesendet. Manchmal ist es bloß: „Hör mir zu, teile meine Meinung!" Auch nonverbale Botschaften haben Appellcharakter, denken Sie nur an die Handzeichen von Verkehrspolizisten. Genauso wirksam sind Blicke, Mimik oder Körperhaltung.

3. Jede Nachricht teilt etwas über den Sprecher selbst mit, ob er das wünscht oder nicht. Träger dieser Aussagen sind hauptsächlich die nicht-verbalen Anteile der Kommunikation: Ob jemand seinem

[12] Nach Schulz v. Thun 1994

Gegenüber in die Augen sieht, sicher steht, ruhig und mit Pausen spricht, scheint uns etwas über seine Selbstsicherheit zum Ausdruck zu bringen.

4. Jede Nachricht beinhaltet eine Beziehungsdefinition: Wie der eine den anderen sieht, welches Verhältnis er zu ihm hat oder wünscht.

Dabei gibt es mehrere Möglichkeiten, die Beziehung aufzufassen:

- **Die Beziehung ist symmetrisch:** Was der eine dem anderen gegenüber sagen oder tun darf, kann umgekehrt der andere auch tun. Wenn der eine Kollege den anderen kritisieren kann, darf der andere es auch.
- **Die Beziehung ist komplementär:** Was der eine dem anderen sagen oder tun kann, darf der aber noch lange nicht. Die Führungskraft kann gegebenenfalls etwas anordnen, die Sekretärin kann es nicht.

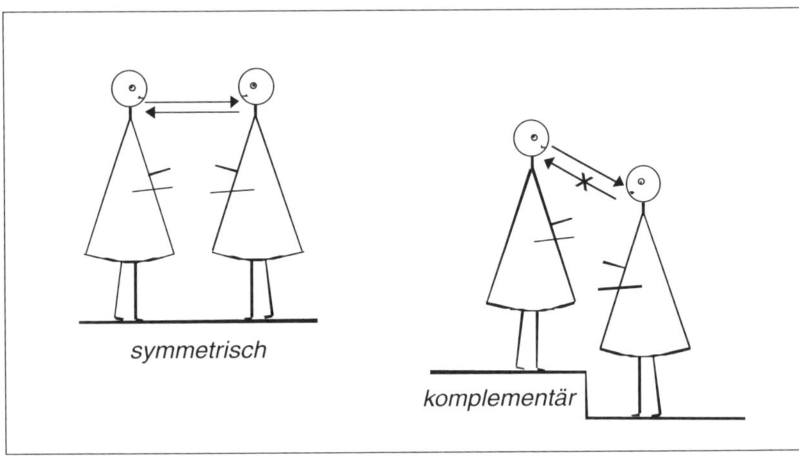


Abbildung 1: Beziehungsdefinitionen

Wenn Beziehungsdefinitionen zwischen Kommunikationspartnern nicht übereinstimmen, kann es leicht zum Konflikt kommen:

*Der Leiter einer Arbeitsgruppe in einer jetzt privatisierten, ehemals staatlichen Organisation möchte seine Mitarbeiter partizipativ führen, d. h. er möchte weitgehend symmetrisch mit ihnen kommunizieren: Er duzt sie, fragt nach Verbesserungsvorschlägen, lädt zur Kritik auch an seinem Vorgehen ein. Die Mitarbeiter wollen das aber nicht. Sie sind an die hierarchischen Strukturen einer Bürokratie gewöhnt.*

*Eine Mitarbeiterin im Call-Center wird zur Leiterin. Es gibt Probleme, weil die anderen ihre Vorgesetztenfunktion nicht akzeptieren wollen. Sollen sie sich von einer ehemaligen Kollegin etwas sagen lassen?*

### Wir hören mit verschiedenen Ohren

Für den einen Beteiligten kann nun jeweils eine andere der vier Dimensionen des Mitgeteilten im Vordergrund stehen als für den anderen. Das veranschaulicht das Modell von den vier Seiten der Nachricht, die mit unterschiedlichen „Ohren" empfangen werden. In Anlehnung an ein viel zitiertes Beispiel bitten wir Sie, sich Folgendes vorzustellen:

*Mann und Frau fahren auf eine Ampel zu. Er fährt, sie sitzt auf dem Beifahrersitz. Die Ampel springt auf Rot um. Sie sagt: „Die Ampel ist rot!" Was hört er in den vier Dimensionen dieser Nachricht? Was hat sie gemeint?*

Sie möchte ihm mitteilen, dass sie Angst hat, und bittet ihn zu bremsen (Selbstoffenbarung und Appell). Er hört, dass sie glaubt, besser Auto fahren zu können als er, und fühlt sich von ihr bevormundet (Beziehungsaussage). So entstehen Missverständnisse und Konflikte.

Die folgende Abbildung verdeutlicht dies.

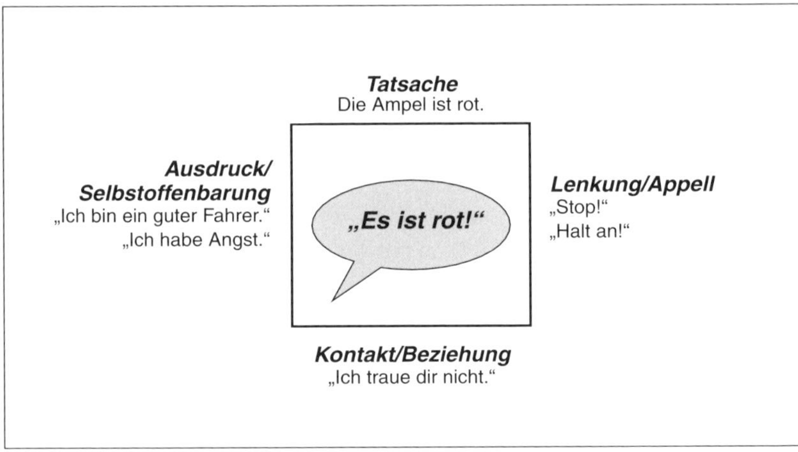


Abbildung 2: Die vier Seiten einer Nachricht, nach Schulz von Thun, 1994

Manche Menschen hören chronisch mit dem „Beziehungsohr", andere mit dem „Appellohr", indem sie dem Gegenüber seine Absichten und Wünsche geradezu von den Augen ablesen wollen. Manche sind auf diesen „Ohren" taub und betonen nur die sachliche Seite.

So redet man aneinander vorbei und könnte sich doch besser verstehen, wenn man eine andere Seite wahrnähme.

Beachten Sie daher im Konfliktfall immer alle vier Dimensionen der Botschaften, mit denen Sie konfrontiert werden. Nicht selten findet sich die Lösung gerade auf der Seite der Nachricht, die Sie vielleicht gerne überhören.

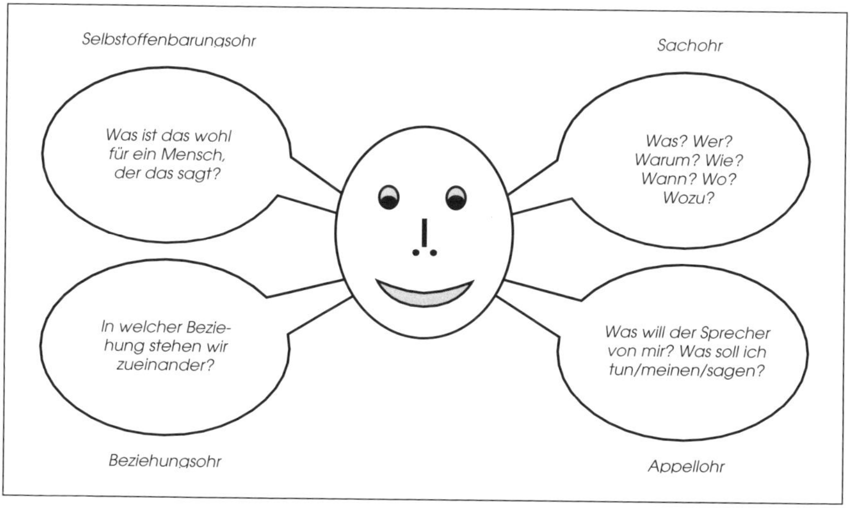


Abbildung 3: Die vier Ohren des Empfängers

Bei der Analyse eines Konflikts fragen Sie deshalb:

## Fragen zur Analyse von Konflikten

**Tatsachen**

- Welche Fakten bringt der andere (bringen die Konfliktparteien) vor?
- Welche Fragen habe ich dazu? Was habe ich nicht verstanden?

**Appell**

- Was ist das Interesse der anderen Konfliktpartei? Welche Wünsche hat sie an mich?
- Was sind die offen kommunizierten Wünsche?
- Was sind verdeckte Appelle?

**Beziehung**

- Wie steht die andere Konfliktpartei zu mir? Wie stehen die Konfliktparteien zueinander?
- Welche Bedeutung hat die Beziehungsdefinition für den Konflikt?
- Wie wird die Beziehung thematisiert?

**Selbstoffenbarung**

- Welche Gefühle sind im Spiel?
- Was sind meine eigenen Gefühle? Welche Ängste und Befürchtungen spielen eine Rolle?

Eine stimmige Kommunikation setzt voraus, dass Sie sich bewusst sind, wie Sie in verschiedenen Situationen agieren. In Bezug auf die vier Dimensionen der Kommunikation sollten Sie folgende Fragen für sich klären:

- Was will ich erreichen? Was ist mein Ziel?
- Wie fühle ich mich?
- Wie geht es meinem Gegenüber?
- In welcher Beziehung stehe ich zu ihm?
- Welche Art der Kommunikation ist der Situation, in der wir uns befinden, angemessen?

In einem Gespräch treffen mindestens zwei Menschen aufeinander, die Einverständnis erzielen müssen über:

- Den Inhalt des Gesprächs,
- ihre Beziehung (Rollenbeziehung, Grad der Vertrautheit, Dominanz),
- den Umgang mit Gefühlen,
- die geeignete Abfolge der Beiträge und der Sprechdauer.

## Richtig zuhören

Im Verlauf einer Kommunikation wechseln die Rollen von Sender und Empfänger normalerweise permanent. Genauso wichtig wie eine stimmige und klare Mitteilung ist daher das Zuhören. Doch schenken wir diesem Aspekt der Kommunikation oft zu wenig Aufmerksamkeit.

Zuhören erfordert auf verschiedenen Ebenen ein besonderes Aufmerksamkeitspotenzial. Grundvoraussetzung ist die Bereitschaft zuhören zu wollen. Denn Ihr Gegenüber spürt, ob Sie bei ihm und bei der Sache sind. Lassen Sie sich nicht durch die „Redeverpackung" blenden; Kommunikationstalente stehen im Vorteil gegenüber „Schweigern" und denen, die rhetorisch nicht so fit sind.

Nicht so schnell urteilen: Lassen Sie sich Zeit, bevor Sie mit der eigenen Meinung kontern. Konzentrieren Sie sich auf den Gesamtzusammenhang, verlieren Sie sich nicht in Details, sonst bringen Sie den anderen aus dem Konzept.

Keep it simple and stupid: Erläutern Sie schwierige Sachverhalte prägnant. Wichtig ist, dass Sie nicht mit vorgefasster Meinung in das Gespräch gehen. Geben Sie auch Rückmeldung über das Mitgeteilte, damit Ihr Gesprächspartner das Interesse spürt und keine Einwegkommunikation entsteht. Seien Sie sensibel für Ihr eigenes mimisches und gestisches Verhalten, sonst könnten Sie den Gesprächspartner durch Dominanzgebärden oder Gefühlsäußerungen einschüchtern.

Fragestellungen sind besonders wichtig, insbesondere offene Fragen (die mit „W" beginnen: Was meinen Sie?, Wer trägt die Verantwortung? etc.). Sie ermutigen den Gesprächspartner dadurch, mehr von sich und der Sache zu erzählen als mit geschlossenen Fragen (auf die man nur mit Ja oder Nein antworten kann: „Haben Sie das erledigt?").

Aktiv zuhören hilft, Missverständnisse zu vermeiden und Konflikte zu klären. Aktiv zuhören heißt, dass Sie den kommunizierten Inhalt des Gesprächspartners sinngemäß mit Ihren eigenen Worten prägnant zusammenfassen. Sie können hierbei theoretisch alle vier Dimensionen der Kommunikation berühren. Günter in unserem Beispiel könnte zu Klaus sagen:

*„Wenn ich Sie richtig verstehe, sehen Sie das Projekt durch Paul gefährdet (wahrgenommene Tatsachen). Die Vorstellung, mit Paul zusammenarbeiten zu müssen, macht Ihnen richtig Stress (wahrgenommene Selbstoffenbarung). Und*

*nun möchten Sie, dass ich Paul die Projektstelle verweigere (Appell). Denn ich habe auch sonst immer zu Ihnen gehalten (Beziehung)."*

## Richtig fragen

Indem Sie Ihre Äußerungen nur auf einen der Aspekte ausrichten, lenken Sie das Gespräch in eine bestimmte Richtung. Sie stellen vertiefende Fragen.

- Tatsachenseite: „Wodurch genau gefährdet Paul Ihrer Meinung nach das Projekt?"
- Selbstoffenbarung: „Wie können Sie lernen, mit der Situation besser umzugehen?"
- Appellseite: „Was könnte ich außerdem tun, um Ihnen zu helfen?"
- Beziehung: „Wie kann ich Ihnen zeigen, dass ich Ihre Arbeit schätze, ohne dass ich Paul die Stelle verweigern muss?"

Zielführende Fragen sind offene Fragen, die so genannten W-Fragen (Wer, was, wie, wodurch, wofür, welche ...?). „Warum" leitet eine Frage ein, die die Aufmerksamkeit eher in die Vergangenheit lenkt. Das ist oft weniger zielführend, kann aber zur Klärung des Hintergrunds eines Konflikts notwendig sein.

Die in diesem Kapitel dargestellten kommunikativen Grundfertigkeiten „Zuhören und Fragen" sollten Sie unbedingt berücksichtigen, wenn Sie Konfliktgespräche führen. Doch um Konflikte zu analysieren, benötigen wir noch mehr Informationen als unser vierseitiges Kommunikationsmodell.

# Was sind Konflikte?

Wenn ein Ehepaar sich nicht auf einen gemeinsamen Urlaubsort einigen kann oder wenn zwei Kolleginnen den richtigen Schwerpunkt im gemeinsamen Arbeitsbereich unterschiedlich auffassen, so ist das zwar jeweils lästig, aber kein Konflikt. Ein Konflikt liegt nicht vor, wenn sich nur unsere Vorstellungen oder Wahrnehmungen widersprechen, oder wenn wir, auf dieselbe Situation bezogen, unterschiedliche Gefühle haben.

## Welche Arten von Konflikten gibt es?

Von Konflikt spricht man erst, wenn Handlungen eine Seite beeinträchtigen, wenn z. B. Versuche gemacht werden, den anderen zu überzeugen, wenn Druck ausgeübt wird oder Drohungen ausgesprochen werden. Ein Konflikt liegt auch dann vor, wenn jede Seite versucht, ihre Ansicht, ihr Vorgehen und ihre Interessen gegen die andere Seite durchzusetzen. Hinzu kommt, dass Spannungen und Gegnerschaft zwischen Parteien herrschen, die letztlich aufeinander angewiesen sind. Wenn Menschen oder Gruppen nicht in einer Beziehung zueinander stehen, werden sie keine Konflikte miteinander bekommen.

Um Konflikte zu begreifen, betrachten wir nun ihre Aspekte.

*Klaus und Paul können unterschiedliche Ansichten über ihr Projekt haben. Paul findet, dass auf die kulturellen Besonderheiten der Kunden in Österreich eingegangen werden sollte, und er nimmt ihren Dialekt an. Klaus ist der Auffassung, dass das Produkt höchsten Standards entsprechen muss, unabhängig von den individuellen Bedürfnissen der Kunden. Im Idealfall ergänzen sich beide, und das Projekt wird ein Erfolg. Ein Konflikt ergibt sich erst dann, wenn jeder nur seine eigene Ansicht für richtig hält und versucht, den Vorgesetzten gegen den anderen einzunehmen.*

*Menschen empfinden unterschiedlich: Klaus ist zufrieden, wenn der Vorgesetzte mit ihm zufrieden ist. Paul ist zufrieden, wenn der Kunde mit ihm zufrieden ist. Auch das ist kein Konflikt, solange der eine dem anderen seinen Maßstab nicht aufzwingen will.*

*Auch ein an sich unvereinbares Verhalten außer der Reihe ist noch kein Konflikt: Klaus hat einen Brief herausgeschickt, ohne dass Paul davon weiß. Das war ein Versehen. Weil Paul das auch so sieht, keine böse Absicht vermutet und entspannt bleibt, entsteht kein Konflikt.*

## Wann liegt ein Konflikt vor?

Die hier genannten Beispiele behandeln soziale Konflikte. Sie entstehen zwischen verschiedenen Konfliktparteien und es sind mindestens zwei Personen beteiligt. Daneben gibt es psychische Konflikte, die die Personen in sich selbst austragen.

### Konflikte als Interessengegensätze

Für soziale Konflikte gilt[13]:

- Mindestens zwei Parteien agieren in einer Situation.
- Jede Partei handelt entsprechend ihrer eigenen Ziele und Interessen.
- Die Parteien sind voneinander abhängig.
- Es bestehen Interessengegensätze zwischen den Parteien.
- Es existiert ein Handlungsspielraum, in dem die Parteien eigene Entscheidungen treffen können.

Zum Konflikt kommt es, wenn Ziele und Interessen unvereinbar scheinen und die Parteien sich entsprechend verhalten. Dabei können die Ziele durchaus objektiv vereinbar sein. Selbst wenn nur eine der Parteien davon ausgeht, mit der anderen Partei in einem Interessengegensatz zu sein und dementsprechend handelt, kann es zum Konflikt kommen.

*Clarissa hat aufgrund eines Frauenförderplanes eine Position bekommen, um die Günter sich vergeblich beworben hat. Sie geht nun davon aus, Günter werde*

---

[13] Nach Jost 1998

*sich dafür an ihr rächen. Daher enthält sie ihm jetzt wichtige Informationen vor, um sein Handeln einzuschränken. Günter befürwortet Chancengleichheit und hat nie an Rache gedacht. Dennoch sieht er sich gezwungen, auf das Verhalten von Clarissa entsprechend zu reagieren. Er lässt sie mit dem von ihr initiierten Change-Projekt auflaufen.*

## Rollenkonflikte

Eingangs stellten wir bereits Rollenprobleme bei Führungskräften dar. Schauen wir uns Rollenkonflikte näher an:

*Klaus sieht Paul als Konkurrenten und enthält ihm deshalb wichtige Informationen aus Kundengesprächen vor. Zugleich erwartet er von ihm aber Kollegialität und Kooperation.*

Hier sind bereits die Erwartungen widersprüchlich, die eine Person an eine andere stellt.

*Günter spürt, dass seine Mitarbeiter von ihm erwarten, dass er sie in ihrer Arbeit unterstützt. Zugleich erwartet seine Chefin von ihm, sich aus dem operativen Geschäft noch stärker herauszuziehen und sich ganz auf strategische Aufgaben zu konzentrieren.*

Die von verschiedenen Personen gestellten Erwartungen sind nicht miteinander vereinbar. Typisch für diese Konflikte ist die zuvor erwähnte „Sandwich-Position" von Führungskräften.

*Günter kann das Problem schlecht durch Mehrarbeit lösen, denn seine Frau möchte, dass er nach der Geburt des ersten Kindes mehr zuhause ist. Sein Tennispartner beklagt sich, weil er sich vergessen fühlt, und die Wirtschaftsjunioren sind sauer, weil er sich seit vier Monaten nicht mehr hat blicken lassen.*

Auch hier kann eine Person die an sie gestellten Erwartungen nicht vereinbaren. Sie stammen aus verschiedenen Bezugssystemen (Beruf – Privatbereich – Freizeit).

*Günter weiß, dass einige seiner Mitarbeiter von ihm erwarten, dem Quereinsteiger Paul die zugesagte Projektstelle zu verweigern. Das aber widerspricht Günters sozialer Grundüberzeugung. Er müsste dann einem Vater von drei Kindern kündigen.*

Die mit einer bestimmten Rolle verbundenen Erwartungen sind unvereinbar mit den Grundüberzeugungen und Werten der Person. Diese Art von Konflikten kommt gerade bei Personalverantwortlichen in Umstrukturierungsprozessen vor, wenn sie Mitarbeitern betriebsbedingt kündigen und andere versetzen müssen.

Neben solchen Rollenkonflikten führen Widersprüche in der Aufgabenstellung und Überlastungen zu Problemen: Erwartungen an das Verhalten sind vor allem dann mehrdeutig (role ambiguity), wenn unzureichend informiert wird, Aufgaben unklar gestellt werden und Organisationen mehrdeutig geregelt sind. In sich schnell verändernden Organisationen ist diese Belastung beinahe Normalität.

Wenn Personen mengenmäßig überlastet sind, tritt Rollenüberlastung (role overload) ein, obwohl die Aufgaben durchaus miteinander kompatibel sein können. Dies ist z. B. der Fall, wenn von einem Manager erwartet wird, dass er die Bereiche Entwicklung, Produktion, Marketing und Personalentwicklung gleichermaßen gut leitet.

Daneben führt Rollenunterforderung ebenso zu Stress wie Rollenüberforderung und -ambiguität.

## Taktischer Umgang bei Rollenkonflikten

- Kein Mensch kann in allen Rollenanforderungen 100 Prozent leisten. Sie haben mehr davon, wenn Sie Prioritäten setzen. Fragen Sie sich auch selbstkritisch, welchen Erwartungen Sie genügen wollen.
- Offene Kommunikation, das Gespräch miteinander statt „übereinander“ bietet die beste Basis zum Umgang mit Rollenkonflikten thematisieren (vgl. Kapitel „Wie handeln Sie als fairer Konfliktpartner?”).
- Sind mehrere Personen in einem Konflikt involviert, in dem die Rollen der Beteiligten eine Bedeutung haben, bietet sich ein Teamentwicklungs-Prozess an.

- Ideal ist es, wenn Rollenkonflikte zwischen Mitarbeitern und Führungskraft in Führungs- und Mitarbeitergesprächen angegangen werden.
- Coaching oder business-orientierte Supervision (die heute in Wissenszirkeln oder learning communities geleistet wird) bietet eine stabile Basis zur Bearbeitung intrapersonaler Rollenkonflikte.

## Was sind typische Konfliktthemen?

Manche Konfliktforscher unterscheiden Konflikte nach Inhalten oder Themen.

### VERTEILUNGSKONFLIKTE

Hier ist der Verlust der einen Seite der Gewinn der anderen.

*Paul konkurriert mit einem anderen Mitarbeiter um eine interessante Projektstelle im Ausland. Nur einer kann sie bekommen.*

### PERSÖNLICHE KONFLIKTE

Eigenschaften und Verhaltensweisen der Konfliktparteien stehen im Mittelpunkt. Das ist u. a. in Mobbing-Konflikten der Fall.

*Dass Paul mit österreichischem Akzent mit den Kunden spricht, ist Stein des Anstoßes für seine Kollegen. Sie ziehen ihn damit auf und versuchen, ihn vor dem Vorgesetzten lächerlich zu machen.*

### ZIELKONFLIKTE

Das kann innere Konflikte betreffen, wenn z. B. eine Person sich zwischen zwei Alternativen zu entscheiden hat; wenn zwei Konfliktparteien unvereinbare Ziele verfolgen, dann handelt es sich um einen sozialen Konflikt.

*Günter hat die Wahl zwischen einem gut zusammenarbeitenden Team, von dem wenig Innovation ausgeht, oder er nimmt einen Neuen ins Team, der Schwung in die Reihen bringt. Mit dieser zweiten Alternative wird die Häufigkeit der Konflikte steigen, aber auch die Orientierung am Kunden.*

### METHODENKONFLIKTE

Zwar sind sich die Parteien hinsichtlich der Ziele einig, aber die Wege und Methoden werden unterschiedlich bewertet.

*Sowohl Günter, der Vorgesetzte, als auch Klaus, sein Mitarbeiter, möchten einen Konflikt zwischen zwei Mitarbeitern im Team bewältigen. Günter will, dass die Parteien Problemgespräche führen und zu einer konstruktiven Lösung kommen. Klaus will die Person, die seiner Meinung nach Schuld ist, ausschalten. Ihr soll der Projektvertrag verweigert werden.*

### WERTEKONFLIKTE

Eine Handlung steht im Gegensatz zu den eigenen ethischen Gundwerten.

*Ein christlich engagierter Geschäftsführer entdeckt Akten über jüdische Zwangsarbeiter im Keller seiner Firma. Die zu leistenden Entschädigungszahlungen würden die Firma, die noch rote Zahlen schreibt, in den Bankrott führen. Soll er die Akten vernichten bzw. den Vorgang verschweigen? Der Geschäftsführer kommt in einen Konflikt zwischen Ethik und Management. Er muss sich entscheiden zwischen der Vergangenheitsbewältigung und der Fürsorgepflicht gegenüber seinen jetzigen Mitarbeitern. Außerdem wurde er schließlich dafür eingestellt, die ökonomische Unternehmenssituation zu stabilisieren.*

Im Grunde genommen kann jedes Thema zum Konfliktthema werden. Der Konflikt kann sich im Laufe seiner Entwicklung auf andere Themen verlagern und ausweiten. Beispielhaft ist folgende Entwicklung: Zuerst geht es nur um eine unterschiedliche Strategie bei der Kundenakquise, dann stehen persönliche Eigenarten im Vordergrund. Es werden grundsätzliche Werte diskutiert, jedoch geht es eigentlich bereits um die Position des Vertriebsleiters, um die die Kontrahenten konkurrieren.

Eine Unterscheidung nach o. g. Konflikttheorien kann daher zunächst nur einer ersten, groben Diagnose dienen.

Da Konfliktinhalte sich verlagern können, müssen wir zwischen Vorder- und Hintergrundkonflikt unterscheiden. Im Vordergrund des Geschehens steht z. B. die Auseinandersetzung um den richtigen Zeitpunkt eines Workshops (Methodenkonflikt). Eigentlich geht es aber um die Konkurrenz zweier Mitarbeiter um eine Projektstelle (Verteilungskonflikt).

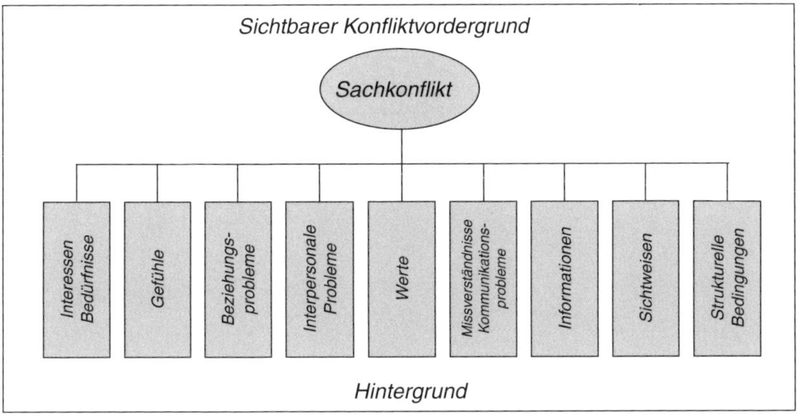


Abbildung 4: Vorder- und Hintergrund eines Konflikts, vgl. Besemer 1994

Jedes x-beliebige Thema kann im Vordergrund des Konflikts stehen. Es können auch Lappalien und Nebensächlichkeiten sein. Sie haben nicht selten den heimlichen Sinn, das eigentliche (Tabu-)Thema zu verdecken.

Konflikte lassen sich nicht auf die Sachebene, das Thema, reduzieren. Gerade durch die Kombination eines Sach- und Beziehungskonfliktes entsteht die problematische Situation. Sachkonflikte können im Rahmen der Problemlösung bearbeitet oder gelöst werden. Beziehungskonflikte oder seelische innere Konflikte können dagegen nur „geheilt“ werden. In manchen Fällen ist es notwendig, einen externen Berater als Coach oder Supervisor dazu zurufen.

Letztendlich finden Konflikte erst im Innern der Personen ihren Abschluss. Wie die Beteiligten den Konflikt sehen, was sie wahrnehmen und fühlen, beeinflusst deshalb stark das Konfliktgeschehen.

### Die Dimensionen von Konflikten

Konflikte lassen sich auf drei Ebenen betrachten:

- Rationale Ebene: die Sache
- Emotionale Ebene: die Person selbst
- Soziale Ebene: die Beziehung

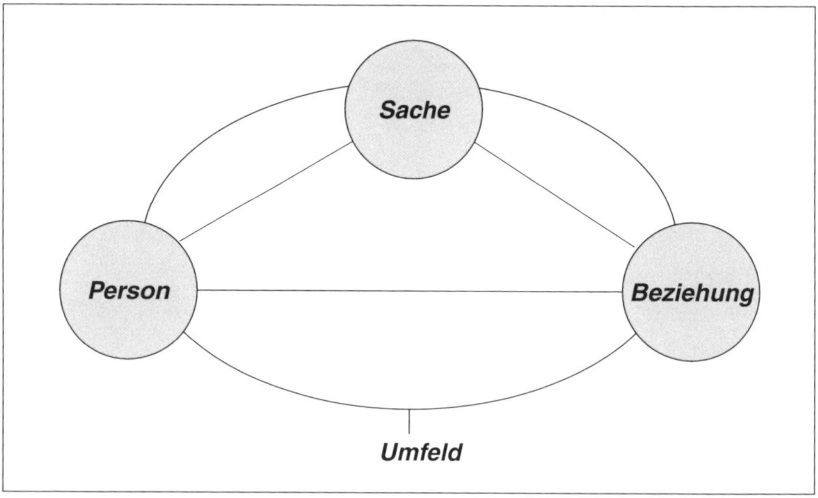


Abbildung 5: Die Dimensionen eines Konflikts (TZI-Modell)

# Welche Formen nehmen Konflikte an[14]?

## Heiße und kalte Konflikte

Manche Konflikte eskalieren in einem lauten Gefühlsausbruch. Das ist ein Kennzeichen so genannter heißer Konflikte. Hier herrscht eine At-

[14] Definitionen nach Glasl 1992

mosphäre der Überempfindlichkeit und Überaktivität. Jede Seite meint, im Recht zu sein, und will die andere mit allen Mitteln überzeugen. Man schreit sich an, beschimpft sich, ist schnell beleidigt und aufgebracht. Es gibt Meinungsführer, die den Konflikt anheizen.

Im kalten Konflikt dagegen bestimmen Enttäuschungen und Frustrationen das Klima. Die beteiligten Personen kommunizieren stockend und zynisch, bis sie letztlich ganz verstummen. Angriffe und Gegenangriffe werden zumeist so konzipiert, dass die Gegenseite sie nicht direkt durchschauen kann. Die Konfliktparteien haben ein negatives Selbstbild, denn negative Gefühle werden hinuntergeschluckt und wirken in den Parteien destruktiv weiter. Es bildet sich eine Kultur des Ausweichens und Vermeidens. Es gibt keinen Meinungsführer, sondern ein Führungsvakuum. Die Beteiligten setzten sich eher indirekt auseinander.

Aus heißen Konflikten können kalte werden, z. B. wenn sie durch eine Machtinstanz unterdrückt worden sind oder die Beteiligten zu keiner dauerhaften Lösung gelangen konnten. Die Betroffenen fühlen sich dann oft ohnmächtig. Umgekehrt können kalte Konflikte „aufgeheizt“ werden. Das ist sogar oft ein notwendiger Schritt, um sie zugänglich und bearbeitbar zu machen.

Wenn Sie also keine lauten verbalen Angriffe hören, so folgern Sie daraus nicht, dass es keine Konflikte gäbe. Beachten Sie die Merkmale von kalten Konflikten. Kalte Konflikte sind viel schwieriger erkennbar und weniger zugänglich. Die Beteiligten negieren sogar, überhaupt miteinander in einem Konflikt zu sein – und dennoch schauen sie sich nicht in die Augen.

**MERKMALE**[15]

| IM HEIßEN KONFLIKT ... | IM KALTEN KONFLIKT ... |
|---|---|
| ▪ Sind die Parteien übermotiviert.<br>▪ Ereifern sich für ihre Ziele.<br>▪ Halten sich für überlegen. | ▪ Sind die Parteien voneinander enttäuscht und desillusioniert.<br>▪ Zweifeln an sich selbst. |

[15] Nach Berkel 1997, 48

| | |
|---|---|
| ▪ Suchen die direkte Konfrontation mit der Gegenpartei.<br>▪ Wollen die andere Seite mit aller Macht überzeugen.<br>▪ Empfinden Regeln und Prozeduren als hinderlich.<br>▪ Explodieren im Kontakt miteinander.<br>▪ Versuchen Anhänger zu gewinnen. | ▪ Haben den Glauben daran verloren, den Konflikt noch lösen zu können.<br>▪ Behindern und blockieren sich, wo sie nur können.<br>▪ Äußern sich sarkastisch und zynisch über die Gegenpartei.<br>▪ Empfinden tiefe Aversionen gegeneinander.<br>▪ Gehen einem direkten Kontakt aus dem Weg.<br>▪ Ziehen sich auf unpersönliche Formalien, Regeln und Dienstwege zurück. |

## Formlose und formgebundene Konflikte

Ein Arbeitnehmer streitet vor Gericht gegen eine Änderungskündigung. Diese Austragung des Konflikts ist formgebunden.

Die Parteien können sich bestimmter Regeln bedienen, die sie nicht selbst begründet haben. Sie greifen auf Institutionen, Formen und Vorgehensweisen zurück, die anerkannt sind, wie Gerichtsverfahren, Einigungsstelle, Schiedskommission oder Frauenbeauftragte.

Formgebundenheit kann hilfreich sein, weil sie die Parteien entlastet. Andererseits verhindert sie unter Umständen die Lösung der Probleme, die dem Konflikt zu Grunde liegen. So kann ein Scheidungsverfahren vor Gericht sicher nicht dazu beitragen, die seelischen Verletzungen zu bewältigen, die zur Trennung geführt haben.

In formlosen Konflikten bedienen sich die Konfliktparteien keiner äußeren Prozeduren und Institutionen, und es werden nicht selten allgemein akzeptierte Kommunikationsregeln oder Regeln des Anstands außer Kraft gesetzt. Statt dessen zeigen sich destruktive und unpassende Formen des Verhaltens, die aus grauer Vorzeit zu stammen scheinen.

Das kann verschiedene Ursachen haben: Entweder sind formgebundene Prozeduren den Beteiligten nicht bekannt oder sie akzeptieren sie nicht.

Oder die Regelungen haben versagt, weil das eigentliche Konfliktthema nicht bearbeitet wurde.

*Immer wenn der Scheidungsvater von seinem formell geregelten Besuchsrecht Gebrauch macht und seine Kinder von der Mutter abholt, gerät er mit der Ex-Frau in Streit.*

Beachten Sie für die Konfliktbearbeitung: Zum Konfliktmanagement gehört es, ungebundene, formlose Konflikte in formgebundene zu überführen. Die Formen und Prozeduren können sich dabei von bereits etablierten unterscheiden. Die Regeln und Vorgehensweisen werden gemeinsam erarbeitet (Kommunikationsregeln, Vereinbarungen zur Zusammenarbeit, Controlling). Sie müssen von allen bestätigt werden und gehören so bereits zur Konfliktbewältigung.

## Wie entstehen Konflikte?

Um die besondere Situation zu erkennen, in der Konflikte entstehen, sind die Themen und Inhalte oft weniger wichtig. Entscheidender ist die Frage nach den genauen Bedingungen, die zum Konflikt führen.

Versuchen Sie also, das Konfliktpotenzial in einer Situation zu erkennen. Die „objektive" Seite des Konflikts gründet sich auf die ideellen, normativen und materiellen Bedingungen einer Organisation:

- Werte, Ziele, Visionen des Unternehmens: Sind sie klar, widerspruchsfrei oder umstritten? Sind sie von oben diktiert (top-down) oder basieren sie auf Konsens? Sind es nur Lippenbekenntnisse oder stellen sie einen verbindlichen Maßstab dar?
- Organisationsaufbau und Organisationskultur: Ist Kontaktaufnahme zur Unternehmensspitze leicht möglich? Sind Kommunikationswege transparent? Sind Kompetenzen und Verantwortungsbereiche klar und nachvollziehbar abgesteckt? Welche vertikalen oder horizontalen Entwicklungsmöglichkeiten gibt es für den Einzelnen?
- Normen und Regeln: Sind sie allen bekannt? Gelten sie nur situationsbezogen? Welche Folgen haben Abweichungen?

- Aufgaben und Arbeitsabläufe: Sind die Aufgaben interessant und herausfordernd? Sind Aufgabenstellungen klar und eindeutig? Welche Entscheidungsspielräume kann die Gruppe oder der Einzelne nutzen? Welche Unterstützungssysteme gibt es?

Kein Konflikt entwickelt sich nur auf Grund solcher „objektiver" Bedingungen. Entscheidend ist die subjektive Situation. Wie bewerten die Betroffenen die Situation, wie nehmen sie sie wahr, wie verhalten sie sich? Inwieweit sind die Beteiligten konfliktfähig? Neigen sie eher zu Kooperation oder zu Konkurrenz – verhalten sie sich abhängig von dem, was ihre Umgebung, ihre Organisation fördert und fordert?

## Wie Kooperation und Konkurrenz wirken

Die Erfahrung zeigt, dass Arbeitsteilung Konkurrenz hervorbringt. Sie hat den Sinn, Leistungsunterschiede zu erfassen und Tätigkeiten entsprechend zuzuweisen. Andererseits sind alle Organisationsmitglieder genauso auf Kooperation angewiesen. Andernfalls würden die divergierenden Einzelinteressen die Organisation sprengen. Jede Organisation basiert daher auf Kooperation.

In einer Konfliktsituation sind nun in der Regel kooperative und konkurrierende Interessen miteinander verwoben.

Der Grad, in dem Parteien voneinander abhängig sind, beeinflusst ebenfalls das Konfliktpotenzial: Wenn in einer Beziehung eine Partei ihre Interessen vollständig gegen die andere durchsetzen kann, dann ist in einer Konkurrenzsituation die andere Partei von ihr abhängig. Sie kann in dieser reinen Konkurrenzsituation (es gibt kaum kooperative Interessen) ihre Anliegen nicht durchsetzen. Das liegt bei großem Machtgefälle in einer Beziehung, z. B. Mitarbeiter–Vorgesetzter, vor.

Wenn dagegen Parteien nicht voneinander abhängig sind, kann auch kein Konflikt entstehen, egal wie die Interessenlage ist. Denn beide Parteien können ihre Interessen unabhängig von der anderen Seite realisieren.

*In einer Firma arbeiten verschiedene Teams in unterschiedlichen Projekten, die als Profit-Center organisiert sind. Zwischen diesen Teams gibt es kaum Konflikte, weil sie unabhängig von einander agieren können. Anders ist die Situation in einer Gruppe, in der der Gruppenleiter Weisungsrecht gegenüber seinen Kollegen hat. Er kann bestimmen, wo es langgeht, und im Zweifelsfall unterliegt das einzelne Teammitglied bei der Durchsetzung seiner Interessen. Hier kommt es wahrscheinlich zu Konflikten.*

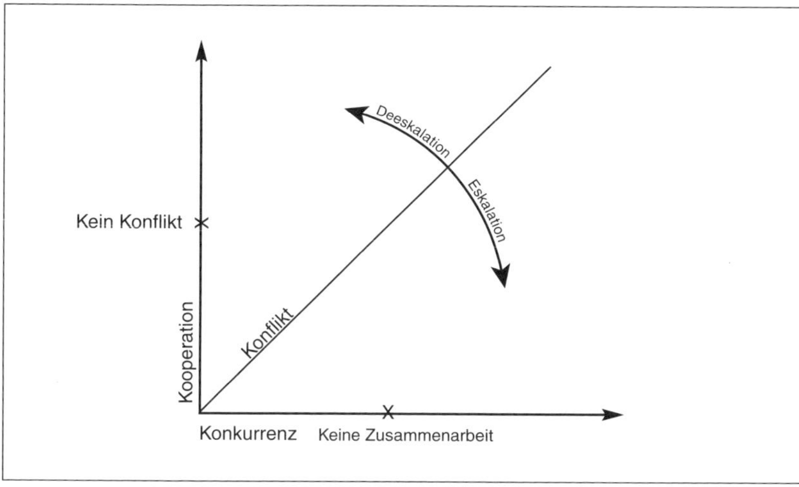


Abbildung 6: Kooperation und Konkurrenz als Einflussgröße

Kooperation und Konkurrenz entstehen also notwendig aus der Arbeitsteilung und können entsprechend zu Konflikten führen. Wie diese Konflikte aussehen, hängt von den einzelnen am Konflikt Beteiligten ab.

## Individuelles Konfliktpotenzial

Die Einstellung der Menschen zu Konflikt oder Kooperation bestimmt, wie sie mit Konflikten umgehen. Wir unterscheiden drei Grundprägungen[16].

### Kooperative Einstellung

Menschen mit dieser Einstellung wollen Beziehungen zu anderen so gestalten, dass alle Beteiligten etwas davon haben. Sie betrachten zwischenmenschliche Probleme als etwas, das gemeinsam bewältigt werden soll. Sie verfolgen dabei Ziele, die von allen geteilt werden. Es ist ihnen wichtiger, sich wechselseitig zu fördern als sich gegenseitig zu blockieren. Gerechtes Teilen geht vor egoistisches Übervorteilen und eine gleichgewichtige Beziehung ist erstrebenswerter als die eigene Überlegenheit.

### Individualistische Einstellung

Menschen mit dieser Einstellung wollen Beziehungen zu anderen so gestalten, dass die eigene Unabhängigkeit gewahrt bleibt. Dafür messen sie weder den anderen, noch der Beziehung zu ihnen einen großen Wert zu. Vielmehr interessiert nur, wie das persönliche Ziel erreicht wird. Gegebenenfalls wird der eigene Vorteil auf Kosten der anderen wahrgenommen.

### Konkurrierende Einstellung

Menschen mit dieser Einstellung gestalten die Beziehung zu anderen so, dass sie vor allem ihnen nützt. Dazu werden die eigenen Ziele auf Kosten der anderen verfolgt. Die anderen gelten grundsätzlich als Gegner, die die eigenen Ziele blockieren. Die anderen müssen demnach mit allen Kräften daran gehindert werden, ihre Ziele zu verfolgen. Der Abstand zu ihnen muss vergrößert werden.

---

[16] Nach Berkel 1997, 34

Hinter diesen Einstellungen stehen Gefühle, die sich im Umgang mit Menschen zeigen[17]:

| HIN ZU ANDEREN | WEG VON ANDEREN | GEGEN ANDERE |
|---|---|---|
| Starkes Interesse, von den anderen beachtet und anerkannt zu werden; Kritik und Distanz werden als Zeichen der Ablehnung empfunden. | Starkes Bedürfnis nach Unabhängigkeit; Nähe und emotionale Begegnung werden als Einengung empfunden. | Bedürfnis, andere zu bekämpfen und zu unterwerfen; soziale Kontakte nehmen die Form des Wettkampfes an. |

Gefühle und Einstellungen sind allerdings nicht nur vom Charakter der Einzelnen abhängig. Auch die jeweilige Situation beeinflusst sie sehr stark.

Ein Beispiel:

*Dass Klaus gegenüber seinem Konkurrenten Paul am liebsten gewalttätig würde (Gegnerschaft), behält er besser für sich, solange der Vorgesetzte auf Kooperation und konstruktive Zusammenarbeit setzt.*

## Der schwelende Konflikt

*Noch hat Klaus den Kollegen Paul in der anstehenden Teamsitzung nicht öffentlich kritisiert und dafür plädiert, dass er aus dem Projekt ausgeschlossen werden soll. Aber der Vorgesetzte Günter weiß Bescheid, denn Klaus lässt keine Gelegenheit aus, um ihm informell zu verstehen zu geben, dass er Paul nicht leiden kann und nichts von seiner Arbeit hält.*

Jeder kennt es: Ein Konflikt ist noch nicht offen ausgebrochen und sichtbar, und doch wissen alle Bescheid. Ein Konflikt existiert, sobald

---

[17] Vgl. Berkel 1997, 33

jemand Pläne hegt oder Absichten zeigt, einen anderen zu beeinträchtigen. Auch wenn eine Partei sich nur beeinträchtigt fühlt, ohne dass etwas vorgefallen ist, besteht der Konflikt bereits in Gedanken. In beiden Fällen ist er noch nicht beobachtbar. Er existiert latent. Ob er offen ausbricht, hängt von weiteren Faktoren ab:

*Ob Klaus seine Aversionen abbauen kann, lernen kann, Paul mit anderen Augen zu sehen; ob es Anlässe gibt, die „das Fass zum Überlaufen bringen"; ob eine neue Situation entsteht, weil Günter beide aus dem Projekt nimmt und Zusammenarbeit damit hinfällig wird usw.*

Zwischen dem Stadium, in dem sich ein Konflikt innerhalb einer Partei latent aufbaut und dem Zeitpunkt, an dem er offen zwischen den Parteien ausbricht, liegt oft eine lange Zeit. Die Latenzphase ist häufig in der Wahrnehmung der Beteiligten ein langer und bezeichnender Zeitabschnitt, der manchmal Jahre dauern kann. Daher gehört es auch zur Konfliktfähigkeit, die Existenz latenter Konflikte wahrzunehmen. In der Latenzphase gibt es oft noch Möglichkeiten einzuschreiten (zu intervenieren). Als Führungskraft können Sie z. B. den Grad der Abhängigkeit oder der Konkurrenz in der Zusammenarbeit beeinflussen, indem Sie Aufgaben anders aufteilen, Prozesse verändern oder Kommunikationsregeln einführen und controllen.

Sofern Sie selbst betroffen sind, gilt es zu prüfen, inwieweit der Konflikt nicht innerlich verarbeitet und abgeschlossen werden kann, ohne dass andere damit belastet werden. Hier sollte sich jeder kritisch die Frage stellen: „Welchen Beitrag habe ich geleistet, um den Konflikt im Inneren konstruktiv zu bewältigen?" Man muss seine Mitmenschen nicht mit jeder Art von Gefühlen konfrontieren.

Woran erkennen Sie einen latenten Konflikt? Achten Sie auf Kommunikationsstörungen:

### Konfliktsignale

- **Rückzug:** Gesprächspartner vermieden Kontakt und setzen Blickkontakt nur schwach oder gar nicht ein.
- **Herabsetzung:** Äußerungen in negativer Form über den Gesprächspartner.
- **Distanzierung:** Herzlichkeit im Umgang reduziert sich auf einen formellen und unpersönlichen Umgangsstil.
- **Überhören:** Der Gesprächspartner geht über eindeutige Verhaltensbotschaften, Entscheidungen oder Sachanweisungen hinweg und negiert diese.
- **Indirekte Kommunikation:** Das Reden über andere steht stärker im Vordergrund als die Face-to-face-Kommunikation und das Spiel mit offenen Karten.
- **Schweigen:** Gar nichts zu sagen ist auch eine Form der Kommunikation nach „Man kann nicht nicht kommunizieren", sagt der Kommunikationswissenschaftler Watzlawick.
- **Mimik und Gestik:** Warnsignale äußern sich ebenso durch nonverbale Kommunikationsmittel, insbesondere mimische und gestische Äußerungen (Achtung: kultur- und kontextabhängig) sowie paraverbale Äußerungen (Betonungen, Lautstärke etc.).

Welche Signale stellen Sie in Ihrem Umfeld fest? In welcher Situation?

## Wie sind Konflikte aufgebaut?

Die Struktur eines Konflikts ist das, was wir gleichsam „von oben" oder aus der Position eines Zuschauers betrachten können. Wir unterscheiden dabei nach der Reichweite des Konflikts und seinen Akteuren, den Gegenständen des Konflikts und nach den Strategien der Parteien.

## Die Beteiligten

Berühren Konflikte Einzelpersonen oder spielen sie sich in kleinen Gruppen oder Teams ab, sprechen wir von Konflikten im mikro-sozialen Rahmen. Hier kennen sich die Beteiligten untereinander und kommunizieren direkt. Die Beziehungen der Beteiligten lassen sich gut einschätzen; Konflikte sind zumeist nicht formalisiert. Ein Beispiel ist der Konflikt zwischen Raucher und Nichtraucher in einem Büro.

Von einem Konflikt im meso-sozialen Rahmen sprechen wir dann, wenn wir eine Transferkommunikation vorliegen haben, d.h. das Sprechen über wechselnde dritte Personen als Kommunikationsbrücke wird präferiert vor direkter Kommunikation. Prägend für diese Art der Kommunikation sind organisationale Gegebenheiten, wie Ziele, Aufgaben, strukturelle Aspekte, die Kultur der Organisation an sich und die Ablaufstruktur.

Ein Beispiel:

*Die Chefin der Marketingabteilung steht im Konflikt mit dem Leiter der Vertriebsabteilung. Es hat sich herausgestellt, dass das Produkt nicht ganz hält, was es verspricht.*

Wenn sich Konflikte im makro-sozialen System abspielen, haben wir es noch mit einer viel größeren Komplexität zu tun. Medien dienen als Informations- und Kommunikationstransmitter. Zugleich schwinden die individuellen Beeinflussungsmöglichkeiten. Die Konfliktbearbeitung hat im Fokus eher unpersönliche Faktoren. Ein Beispiel sind die Tarifauseinandersetzungen.

Wird der Konfliktrahmen also ausgeweitet, werden Konflikte komplexer, und somit weniger übersichtlich und steuerbar.

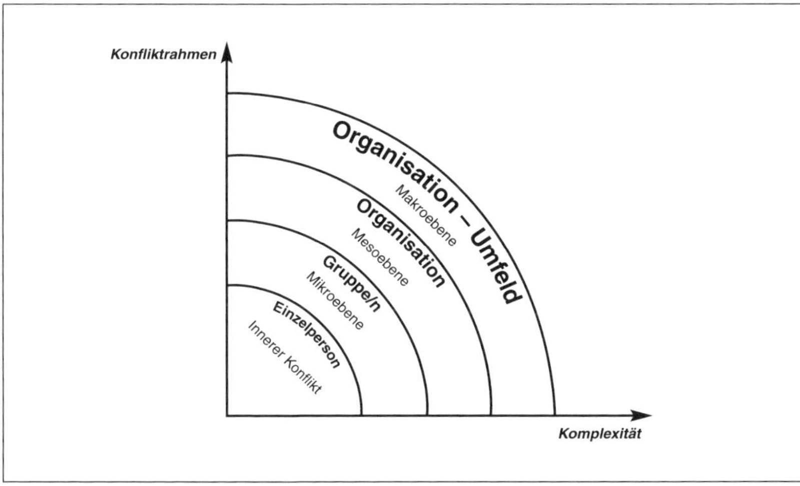


Abbildung 7: Konfliktrahmen und Komplexität, in Anlehnung an Beck/Schwarz, 1995, 45

Unabhängig davon gilt, dass sich Konflikte auch im Inneren der Personen als innere Konflikte abbilden.

In einer Konfliktsituation gelten folglich Einflussgrößen, die Sie im Konfliktmanagement steuern können. Fragen Sie sich:

- Wer sind die Konfliktpartner?
- Wer vertritt als Sprecher diese Konfliktparteien?
- Wer ist das Schattenkabinett hinter diesen Sprechern?
- Wie sehen die Beziehungsstrukturen zwischen diesen Parteien aus?
- Wer ist indirekt darüber hinaus in den Konflikt involviert?
- Wer könnte noch betroffen sein?
- Was ist die Rolle von Medien oder deren Repräsentanten?
- Wer hat Kontakt zu Medien?
- Wer informiert das Konfliktumfeld?

## Wie verändern Sie die Struktur eines Konflikts?

Die Anzahl der Konfliktparteien und der beteiligten Personen in den jeweiligen Konfliktparteien können geändert werden: Menschen, die bisher in den Konflikt involviert waren, können Sie aus der Interaktion herausnehmen, z. B. indem Sie Arbeitsgruppen verkleinern oder auf bestimmte Mitarbeiter verzichten. Umgekehrt können Sie neue Parteien in den Konflikt einführen. Wenn Sie einen externen Moderator oder eine Schlichtungsstelle hinzuziehen, wird eine dritte, neutrale Instanz installiert. Dadurch ändert sich das Kräfteverhältnis der Konfliktparteien.

### Die Gegenstände des Konflikts

Zur Struktur des Konflikts zählen weiterhin die Konfliktgegenstände, die Themen. Hier sollte es Ihr Ziel sein, allen Beteiligten die gleichen Informationen zum Gegenstand des Konflikts zukommen zu lassen. Zum Beispiel können Sie Kommunikationswege festlegen, die unbedingt eingehalten werden müssen. Sie können ein Beschwerdesystem einführen oder Ihren Mitarbeitern per Intranetz einen freien Zugang zu allen Informationen ermöglichen.

### Wie wird ein Konflikt wahrgenommen?

Wichtig ist auch, dass Sie herausfinden, wie die einzelnen Parteien den Konflikt wahrnehmen. Was sieht die eine oder andere Seite überhaupt als Problem an? Welches Thema ist für die eine oder andere Seite vordergründig, welches Thema eher unwichtig? Welche Konfliktgegenstände existieren für eine Seite, welche für die andere? Sich über die Problemdefinition der Konfliktparteien Klarheit zu verschaffen, ist hilfreich, weil in der Art und Weise, wie Probleme wahrgenommen und definiert werden, bereits immer schon eine Lösung enthalten ist.[18]

---

[18] Vgl. auch Berkel, 1997, 97

| Problemdefinition | | Mögliche Problemlösung |
|---|---|---|
| Einige Führungskräfte sperren sich gegen Innovationen. | ↔ | Sie müssen ausgetauscht werden. |
| Die mittlere Führungsebene sperrt sich gegen Innovationen. | ↔ | Sie muss verschlankt werden. |
| Die Organisationsstrukturen erschweren Innovationen. | ↔ | Es muss mehr Personal her, neue Mittel müssen erschlossen werden. |
| Das Selbstverständnis der Organisation erschwert Innovationen. | ↔ | Es muss ein neues Leitbild erarbeitet werden. |

Je nach Standpunkt unterscheiden sich die Problemsichten. Für eine Führungskraft ist es weniger relevant, ob zwei Mitarbeiter sich wegen Parkplatzproblemen vorm Büro das Leben schwer machen. Für die Betroffenen trägt es zu einem unerträglichen Arbeitsklima bei und beeinträchtigt sie.

Wahrnehmungen verändern sich dramatisch unter Konflikten. Am Ende wird nur noch die Konfliktrealität wahrgenommen. Man sieht nur noch die negativen Aspekte der anderen Seite, vergisst, dass es auch einmal eine andere Realität gegeben hat oder dass eine andere möglich sein kann. In der Beziehung zählt nur noch der Konfliktgegenstand.

Wie eine Situation wahrgenommen wird, hängt von der Perspektive, vom eigenen Standpunkt ab. In die Wahrnehmung fließen immer vorausgegangene Erfahrungen mit ein. In diesem Zusammenhang können es frühere Erfahrungen mit Konflikten sein oder Erfahrungen mit den konkret beteiligten Personen. Dadurch kommt es zu Wahrnehmungsverzerrungen.

In sozialen Situationen gibt es keine objektive Wahrheit. Jede Sicht des Problems ist für die jeweilige Seite plausibel und richtig. Es macht daher keinen Sinn, Recht haben zu wollen. Besser ist es, sich in die andere Seite hineinzuversetzen und zu versuchen, deren Sicht des Problems nachzuvollziehen. Ein solches Verhalten wirkt im Konflikt entschärfend. Spontan und emotional werden aber viele so reagieren, dass sie Recht haben wollen. Zunächst vereinfacht sich dadurch die bedrohliche Komplexität eines Konfliktgeschehens. Das ist zwar menschlich, treibt die Eskalationsschraube aber weiter an.

Eine Rolle spielt dabei, wie die Interaktion verläuft. Hat eine Partei gegenüber der anderen einen Informationsvorsprung hinsichtlich des Konfliktverlaufes, hinsichtlich der beteiligten Personen oder der Rahmenbedingungen? Weiß sie, ob und wie die andere Partei gehandelt hat?

Welcher Art sind die Abhängigkeiten (Interdependenzen), in denen die Mitarbeiter stehen[19]?

Häufig können Mitarbeiter, die entscheiden müssen, ohne die Entscheidungen anderer zu kennen (simultane Abhängigkeit), in Konflikt geraten. Die Beteiligten können ihr Handeln nicht aufeinander abstimmen und sind auf Vermutungen angewiesen. Das ist z. B. der Fall, wenn verschiedene organisatorische Einheiten gleichzeitig auf eine Ressource zugreifen.

*Mehrere Referenten teilen sich beispielsweise die Arbeitskraft einer Sekretärin. Oder alle haben Zugriff auf einen zentralen Server, der dann überlastet ist.*

Auf andere Art konfliktträchtig sind Organisationsformen, in denen Mitarbeiter vor- und nachgelagerter Aufgaben voneinander abhängig sind. Sie müssen in ihre Entscheidungen die der „Vorgänger" einbeziehen (sequenzielle Abhängigkeiten). Solche Fälle liegen vor, wenn Mitarbeiter an einer Fertigungsstraße voneinander abhängig sind, oder wenn Führungskräfte die Arbeitsergebnisse ihrer Mitarbeiter benötigen, um Entscheidungen zu treffen. Solche Schnittstellen zu verbessern, ist die Aufgabe eines Qualitätsmanagements, das sich auf die Qualität des Prozesses richtet. Auch Sie sollten bei der Einführung eines Konfliktmanagementsystems auf solche Abhängigkeiten achten.

### Die Strategie der Parteien

Die Struktur des Konflikts bestimmt sich auch durch die Strategien der Parteien und den daraus folgenden Konsequenzen.

---

[19] Vgl. Jost 1998, 23 f.

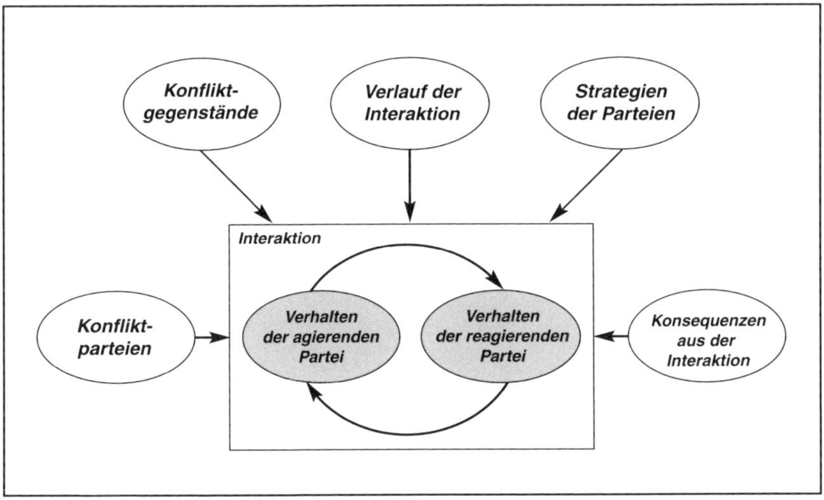


Abbildung 8: Einflussgrößen der Konfliktsituation, Jost, 1998, 77

Sie können das im Konfliktmanagement beeinflussen, indem Sie der einen oder beiden Parteien neue Kompetenzen einräumen oder sie beschneiden.

*Stellen Sie sich einen Konflikt im Kinderzimmer vor: Pia haut Katja immer eine Puppe auf den Kopf, wenn Katja sich an Pias Spielsachen heranmacht. Der Vater nimmt Pia die Puppe ab und gibt sie Katja zum Spielen.*

## Wie verlaufen Konflikte?

Konflikte sind voller Dynamik, manchmal voller Dramatik. Sie streben energisch einer Lösung zu. Doch manchmal können sie lange in den noch nicht geäußerten Absichten einer Person schlummern, bis dann irgendein nichtiger Anlass die Konfliktspirale eskalieren lässt. Prinzipiell kann jeder Konflikt, der einmal manifest geworden ist, eskalieren. Dabei entwickelt sich eine Eigendynamik, die den Konfliktparteien nach und nach entgleitet. Die Beteiligten können ihr Handeln immer weniger kontrollieren, je stärker der Konflikt ihnen angeblich das „Gesetz des Handelns" aufzwingt. Es ersetzt die Verständigung durch Gespräche und es wird zunehmend schwieriger für die Beteiligten, aus eigener Kraft den Konflikt konstruktiv zu bewältigen.

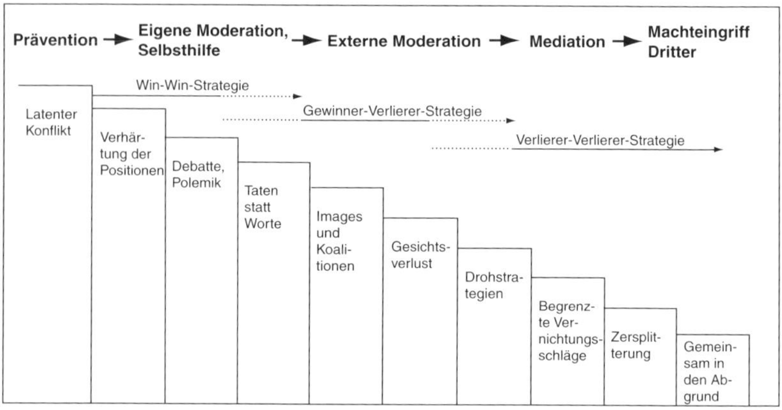


Abbildung 9: Stufen des Konfliktverlaufs, vgl. Glasl, 2000, S. 114 ff., eigene Ergänzungen

Konfliktforscher[20] haben den Verlauf von Konflikten studiert. Von den ersten Verhärtungen in einer Situation bis zur totalen Vernichtung durchläuft er mehrere Stufen. Diesen Stufen entsprechen jeweils unterschiedliche Instrumente und Vorgehensweisen bei der Konfliktbearbeitung (vgl. dazu Kapitel „Wie bewältigen Sie Konflikte?").

## Die Win-Win-Strategie

Auf den ersten Stufen orientieren sich die Betroffenen noch mehr oder weniger an dem Gewinner-Gewinner-Prinzip. Woran erkennen Sie eine Win-Win-Strategie?

---

[20] Glasl 1992, 2000; Strategien vgl. Beck/Schwarz 1995, 56 ff.

### Win-Win-Strategie

- Die Beteiligten thematisieren den Konflikt offen.
- Interessen, widersprüchliche Meinungen und Vorstellungen werden offen diskutiert und ausgehandelt.
- Die Beteiligten streben eine Lösung an, die für alle akzeptabel ist.
- Verletzungen werden vermieden und der andere wird als Verhandlungspartner akzeptiert.
- Die Beteiligten sind zur Kooperation bereit.
- Sie sind überzeugt, den Konflikt im Gespräch bewältigen zu können.

In dieser Phase können Sie bei der Konfliktbearbeitung durchaus noch auf „Selbstheilungskräfte" setzen. In der Regel mobilisieren diejenigen, die weniger vom Konflikt betroffen sind, Strategien gegen eine weitere Eskalation: Ein Kollege bietet zum Beispiel Hilfe beim Konfliktgespräch zweier Teammitglieder an. Oder in einer Familie wirkt der Vater besänftigend auf die sich mit dem Kind streitende Mutter ein. Interventionen dieser Art begegnen wir im Alltag häufig.

## Die Gewinner-Verlierer-Strategie

Die folgenden Phasen sind von einer Gewinner-Verlierer-Strategie geprägt. Die Konfliktparteien glauben nicht mehr an eine Einigung, sondern wollen zu Lasten der anderen Seite Macht gewinnen. Nun wird externe Hilfe von Drittparteien für die Konfliktlösung unverzichtbar, denn die Beziehungsebene überlagert zunehmend die Sachebene. Jetzt setzen sich Gefühle durch und erschweren ein kluges Vorgehen.

Jede Konfliktpartei versucht, sich vor potenziellen Bündnispartnern optimal darzustellen. Auch Unbeteiligte werden in das Geschehen hineingezogen und gezwungen, Stellungnahmen abzugeben. Wechselseitige Provokationen bleiben also nicht aus. Die Konfliktparteien schreiben sich gegenseitig ausschließlich negative Rollen zu und bekämpfen sich. Sie sprechen Ultimaten aus und binden sich selbst damit.

### Gewinner-Verlierer-Strategie

- Eine Partei kann nur so viel gewinnen, wie die andere verliert. Das heißt auch, ein Gewinn der anderen Seite ist ein Verlust für die eigene.
- Eine Partei setzt ihren Standpunkt auf Kosten der anderen durch.
- Konkurrenzdenken beherrscht die Auseinandersetzung.

## Die Verlierer-Verlierer-Strategie

In den letzten Phasen des Konflikts herrscht die Verlierer-Verlierer-Konstellation vor. Sie beinhaltet aber immer noch die Chance einer gerechten Lösung:

### Verlierer-Verlierer-Strategie

- Diese Strategie bringt beiden Seiten einen Verlust.
- Weder die eine noch die andere Seite erreicht, was sie erreichen will.
- Beide Parteien müssen sich mit einem Teil des Gewünschten begnügen.
- Oder beide Parteien willigen in den totalen Verlust/die totale Vernichtung ein.
- Rückzug und Kompromiss sind die üblichen Strategien (abgesehen vom gemeinsamen Weg in den Abgrund am Ende der Eskalationsspirale).

Ein Kompromiss bedeutet, dass beide Seiten Zugeständnisse machen (etwas verlieren). Rückzug bedeutet, einer tatsächlichen oder potenziellen Auseinandersetzung auszuweichen.

Ab jetzt gibt es für die Parteien keine Realität außerhalb des Konflikts mehr. Damit haben sie die Fähigkeit verloren, Alternativen zum Konflikt zu denken, geschweige denn, zu realisieren. Der Zugang zu Ressourcen für die Lösung des Konflikts ist blockiert. Konstruktive Regelungen kommen jetzt nur noch durch Machtinterventionen Dritter in Gang.

Der Gegner wird ausschließlich als Feind wahrgenommen. Man spricht ihm sogar menschliche Züge ab. Daher erscheinen dessen Drohungen größer, als sie wirklich sind. Begrenzte Vernichtungsschläge gelten als „passende Antwort". Von jetzt an ist es wichtiger, dem Gegner zu schaden, als den eigenen Vorteil zu erzielen. Die Konfliktparteien rechnen sich wechselseitig den Schaden auf, denn sie wissen, dass es nichts mehr zu gewinnen gibt.

Wer glaubt, solche Strategien existierten nur in kriegerischen Auseinandersetzungen, der irrt. Die hier erwähnten letzten Eskalationsstufen werden in Mobbing-Konflikten praktiziert, auch indem bewusst Rechtsbrüche in Kauf genommen werden. Ziel ist auch hier, das „Opfer" zu vernichten, koste es, was es wolle (Fehlzeiten, verlorene Arbeitsgerichtsprozesse, angeknackstes Image, schlechtes Betriebsklima usw.).

## Der Verlauf des Konflikts

| Eskalationsniveau | 1. Latenter Konflikt | 2. Win-Win-Strategie | 3. Gewinner-Verlierer-Strategie | 4. Verlierer-Verlierer-Strategie |
|---|---|---|---|---|
| Klimaebene | • Unklarheit, Befürchtung, Spannungen | • Vernunftgesteuert, Gefühle nicht vordergründig | • Beziehungsthemen dominieren Sachthemen<br>• Gefühlsäußerungen | • Rationalität als persönliches Angriffsmittel und nicht im Dienste der Problemlösung |
| Wahrnehmungsebene | • Mindestens eine Partei geht von einem Konflikt aus. Die andere Seite wird gegensätzlich zu eige- | • Situation wird als fairer Wettbewerb umgedeutet (Gewinnchancen für beide Seiten), als Verhandeln | • Situationsdeutung als Remis-Partie (Pari in der Gewinn-Verlust-Situation) mit hohem Prestige- | • Einer-kommt-hier-nur-raus-Situationen; es gilt das „Er oder ich" oder „Auge um Auge, Zahn |

| | | | | |
|---|---|---|---|---|
| | nen Interessen, Verhalten, Einstellungen und Vorgehensweisen erlebt | oder Problemlösen<br>• Der andere gilt dabei als Gegenspieler oder Partner? | wert<br>• Gegenüber ausschließlich in der Rolle des Kontrahenten | um Zahn …"<br>• Fixierung auf den „Sieg" bei größtmöglicher Niederlage des anderen<br>• Dabei werden eigene Verluste (z. B. Imageschäden) akzeptiert<br>• Der andere ist Feind, dem mit Hass begegnet wird |
| Kommunikationsebene | • Konflikt ist eher über non-verbale Signale zugänglich<br>• Oberflächliche Anspielungen<br>• „Hidden rules": Verschweigen, keine offene Kommunikation, vage Anspielungen | • Face-to-Face-Interaktion<br>• Verhandlungen, Testen von Lösungschancen | • Konfliktärer Unterton<br>• Bereits Einsatz von Drohungen (erst verdeckt)<br>• Vorwürfe, Anklagen, Aufrechnen<br>• Im Extremfall: Gesprächsstopp und Abbruch der Kommunikation | • Wenn überhaupt noch miteinander gesprochen wird, dann mit offen hasserfüllten Drohungen und Degradierungen<br>• Meist Abbruch der Kommunikation, blinder Kampf bis aufs Messer |
| Interventionsebene | • Die Störung sensibel, aber offen thematisieren<br>• Konfrontieren<br>• Zum konstruktiven Konfliktgespräch motivieren | • Selbst gesteuerte Konfliktbewältigung unterstützen<br>• Bei Prozessstillstand einen Moderator/Mediator als Hilfe anbieten | • Einsatz eines (externen) Neutralen in der Rolle<br>1. Moderator,<br>2. Mediator,<br>3. Prozessbegleiter. | • Schlichtungsstelle<br>• Schiedsverfahren<br>• Intervention, Machteinsatz durch übergeordnete Instanz (auch gegen Willen der Konfliktbeteiligten) |

Höchste Aufmerksamkeit ist angeraten, wenn Sie folgenden fünf Kommunikationsmustern begegnen. Denn hier entwickelt sich ein Konflikt in Richtung Eskalation.

- „Traue keinem“
  Keine der Parteien will wahrhaben, dass man aufeinander angewiesen ist. Gegenseitige Arbeitsteilung und Bezogenheit aufeinandererfolgt nur pro forma. Gespräche werden zwar geführt, jedoch kontrolliert jede Seite die andere heimlich misstrauisch. Jede Seite stellt ihre angebliche Unabhängigkeit von der anderen zur Schau und präferiert, Aufgaben allein zu lösen. Die Angst ist vorhanden, ausgenutzt, hintergangen oder übervorteilt zu werden.

- „Gefühle haben immer Recht“
  Gefühle dominieren in diesem Stadium die Auseinandersetzungen. Detailfragen, an denen sich die Diskussionen festbeißen, stehen im Mittelpunkt. Beide Seiten wissen, dass es nicht mehr nur um die Sache an sich geht. Gefühle steuern und rechtfertigen das Verhalten.

- „Der andere ist schlecht – ich bin anders“
  Wahrnehmungsverzerrungen treten ein. Eine genaue Beobachtung wird abgelöst von Fantasien, Unterstellungen, Umdeutungen. Die Welt wird schwarz-weiß erlebt, Differenzierungen treten kaum noch auf. Die andere Partei gilt z. B. entweder als aggressiv oder hinterhältig, oder sie trägt aus Sicht der Gegenpartei die alleinige Verantwortung für den Konflikt. Sie steht als Buhmann da, ihre Lösungsvorschläge gelten daher nicht als akzeptabel. Das eigene Verhalten ist hingegen eine leider nur „notwendige“ Reaktion auf das Verhaltensmuster der Gegenseite. „Ich selbst würde ja gern anders, aber mit denen ist das nicht zu machen ...“

- „Wir haben nichts miteinander zu tun“
  In der Auseinandersetzung wird das Trennende stärker als das Verbindende gesehen. Kontakte werden auf Sparflamme gehandhabt oder eingestellt. Auch Gemeinsamkeiten, wie Unternehmensziele, Arbeitsziele etc. werden zurückgedrängt. Getrickst wird dadurch, dass Informationen blockiert oder zurückgehalten werden.

- „Der andere soll verschwinden"
  Feindselige Gefühle beherrschen das Ende des Konflikts. Das Fazit: Die Parteien haben kein Interesse mehr an der Lösung der Probleme, vordergründig ist die Eliminierung der anderen Seite mit allen Mitteln – begleitet von starken Gefühlen. Die Bereitschaft zur Auseinandersetzung mit komplexen Sachverhalten oder zu Kompromissen besteht nicht mehr. Gespräche werden abgelehnt.

Nicht jeder Konflikt muss sich nach dem oben skizzierten Grundmodell abspielen. Manchmal stagnieren Konflikte auf einer der Stufen oder sie beschleunigen sich plötzlich. Durch gezielte Interventionen lässt sich der Verlauf des Konflikts verändern (vgl. Kap. „Wie beugen Sie Organisationskonflikten vor?").

# Wie entstehen Konflikte in Organisationen?

Ob es in einer bestimmten Situation zum Konflikt kommt oder nicht, hängt von verschiedenen Einflussgrößen ab. Es kann an den persönlichen Faktoren der Parteien liegen, z. B. an Einstellungen, Verhaltensgewohnheiten, Persönlichkeitsmerkmalen. Es kann auch an sachlichen Faktoren liegen, zum Beispiel an einer unzureichenden Abgrenzung der Funktionen oder an Problemen in der Ablauforganisation. Konflikte in Organisationen sind Normalität. Mit ihnen ist z. B. besonders in Veränderungsprozessen zu rechnen und im Entwicklungsprozess von Gruppen. Die konkurrierenden und kooperativen Interessen von Gruppen in einer Organisation sowie die Kultur und das Klima der Organisation bilden den Rahmen, in dem sich Konflikte entfalten und verändern.

## Organisationskonflikte

Wenn es zum Konflikt zwischen verschiedenen Gruppen oder Personen kommt, die im Unternehmen bestimmte Interessen haben, sprechen wir von Organisationskonflikten. Hierzu einige Fragestellungen[21], damit Sie diese Konflikte erkennen:

- Welche Personen oder Gruppen haben Interessen an dem Unternehmen?
- Welche Interessen haben die einzelnen Parteien?
- Welche grundsätzlichen Interessengegensätze gibt es zwischen diesen Parteien?
- Inwiefern können diese Parteien das Unternehmen bzw. seine Ziele beeinflussen?

---

[21] Nach Jost 1998, 15

- Inwieweit sind die Parteien von der Zielerreichung des Unternehmens abhängig?

Denken Sie bei der Antwort z. B. an Zulieferer, Arbeitnehmer, Kunden, das Management, Kapitalgeber, den Staat usw.

Zwischen all diesen Gruppen kann es auf Grund unterschiedlicher Interessenlage zum Konflikt kommen. Das Austragen von Konflikten ist dabei häufig formalisiert, es können Instanzen eingeschaltet werden.

Ein großer Teil systembedingter Organisationskonflikte kann von den Betroffenen letztlich nur hingenommen werden. Der Einfluss einzelner Mitarbeiter oder Mitarbeitergruppen ist nicht weit reichend genug, um sie zu lösen. Denken Sie z. B. an die möglichen Auseinandersetzungen zwischen einem deutschen Unternehmen, das mit einem amerikanischen Unternehmen fusioniert, und die Konzernleitung sitzt in den USA. Oft sind Rahmenbedingungen für Projekte schwer veränderbar. Gewohnheitsrechte, gewachsene Strukturen oder vorgegebene technische Möglichkeiten lassen sich nicht von heute auf morgen verändern und müssen daher so, wie sie sind, in die Problembearbeitung als feste Größe integriert werden.

## Checkliste Organisationskonflikte

- Was sind immer wieder Konfliktthemen? Wer ist daran beteiligt?
- Was sind die Interventionsmuster in diesen Konfliktsituationen?
- Welche Strategien sind vorhanden? Wer nutzt sie?
- Welche Hilfen haben die Parteien zur Konfliktbewältigung (Zeit, Sachmittel, Know-how-Beratung etc.)?
- Welche beteiligten Personen sollen trainiert, gecoacht oder ausgewechselt werden?

## Wie geht man mit Widerstand konstruktiv um?

*Zu Beginn ein kleines Experiment: Heben Sie Ihre Hände über den Kopf und drücken Sie die Handflächen gegeneinander. Was passiert? Sie werden folgende Erfahrung machen: Wo Schub ist, ist Druck. Wo Druck ist, entsteht Widerstand.*

Fast immer bewirken Veränderungsprozesse Widerstand. Das führt in der Regel zu Konflikten. Widerstand ist ein ganz alltägliches Phänomen, eine normale Begleiterscheinung von Entwicklungsprozessen, denn es gibt praktisch kein Lernen und keine Veränderung ohne Widerstand. Allerdings machen wir gern den Fehler, Widerstände zu missachten. Sie sind lästig und störend, besonders wenn – wie fast immer – Zeitdruck vorhanden ist. Paradoxerweise kommt es aber gerade dann, wenn das Management den Widerstand missachtet, dazu, dass Mitarbeiter die Veränderungen massiv blockieren. Die Folgen sind Verzögerungen oder eine ernsthafte Gefährdung der Projekte.

### WORAN ERKENNT MAN WIDERSTAND?

An folgenden Merkmalen können Sie Widerstand erkennen:

**KENNZEICHEN VON WIDERSTAND[22]**

| | verbal (Reden) | nonverbal (Verhalten) |
|---|---|---|
| aktiv (Angriff) | Widerspruch<br>Gegenargumentation | Aufregung<br>Unruhe |
| | Vorwürfe | Streit |
| | Drohungen | Intrigen |
| | Polemik | Gerüchte |
| | Sturer Formalismus | Cliquenbildung |

[22] Doppler/Lauterburg 1995, 296

| | | |
|---|---|---|
| passiv (Flucht) | Ausweichen<br>Schweigen | Lustlosigkeit<br>Unaufmerksamkeit |
| | Bagatellisieren | Müdigkeit |
| | Blödeln | Fernbleiben |
| | Ins Lächerliche ziehen | Innere Emigration |
| | Unwichtiges debattieren | Krankheit |

Diese Reaktionsweisen und Symptome sind dem Verhalten in Konfliktsituationen ähnlich. Die Problemlage ist meist diffus. Nur eins ist klar: Irgendetwas stimmt nicht, wenn sich intelligente Menschen, die sich sonst ganz normal verhalten, gegen Maßnahmen sträuben, die sinnvoll, logisch oder dringend nötig erscheinen. Woran kann das liegen?

## Missverständnisse

- Gesagt ist noch lange nicht gehört.
- Gehört ist noch lange nicht verstanden.
- Verstanden ist noch lange nicht einverstanden.
- Einverstanden ist noch lange nicht behalten.
- Behalten ist noch lange nicht angewandt.
- Angewandt ist noch lange nicht beibehalten.

Verschiedene Ursachen sind möglich: Die Betroffenen sind nicht ausreichend und angemessen informiert. Das Management setzt Veränderungen von oben nach unten (top-down) um, kommuniziert aber nicht transparent. Die Betroffenen fühlen sich übergangen. Oder aber sie wollen die Informationen nicht wahrhaben. Psychologische Verarbeitungsmechanismen führen dazu, dass das Gesagte ignoriert, verdrängt oder abgewehrt wird. Dadurch schützen die Beteiligten ihre Interessen, die sie nicht offen aussprechen können. Es scheint ihnen nützlicher zu sein, die bestehende Situation beizubehalten, als sich auf die geplante Alternative einzulassen. Möglich ist auch, dass sie zwar gehört und aufgenommen haben, um was es geht, aber sie haben die Ziele und Hintergründe der Maßnahme nicht verstanden. Die daraus resultierenden Unsicherheiten führen zu Blockaden. Und selbst, wenn sie verstanden haben, um was es geht, müssen sie nicht einverstanden sein. Wahrscheinlich sind sie als Individuum oder Gruppe betroffen. Sie sind gezwungen, sich zu verändern, zu lernen, sich in der Organisation neu zu orientieren.

Und letztlich – auch wenn sie einverstanden sind, führen Rückschläge im Prozess, Blockaden, Verzögerungen oder Informationsdefizite dazu, dass das für sinnvoll gehaltene Verhalten nicht angewandt oder beibehalten wird. Eine Organisation kann so in ihrem Entwicklungsprozess wieder zurückgeworfen werden.

## Worauf ist beim Umgang mit Widerstand zu achten?

Widerstand wird leicht verständlich, wenn man sich in die Lage der anderen versetzt. Die folgenden Aspekte[23] sind für berufstätige Menschen immer von Bedeutung:

- Gehalt/Einkommen: Habe ich direkte Einkommenseinbußen zu erwarten? Gibt es andere finanzielle Nachteile?
- Kontakt: Können wertvolle persönliche Beziehungen (zu Vorgesetzten, Kollegen oder Mitarbeitern) verloren gehen? Werde ich in der neuen Situation mit Menschen zusammenarbeiten müssen, mit denen ich nicht zusammenarbeiten will oder kann?
- Anerkennung: Könnte ich in der neuen Situation persönlich oder fachlich überfordert sein? Hat die neue Situation/Position einen schlechten Ruf?
- Selbstständigkeit: Verliere ich Entscheidungskompetenzen oder wird mein Verantwortungsbereich beschnitten?
- Entwicklung: Habe ich gute Karriere- oder Entwicklungschancen in der zukünftigen Situation?

Wenn diese Fragen von den Betroffenen eher mit „Nein" beantwortet werden, kommt es wahrscheinlich zu Widerständen.

---

[23] Vgl. Doppler/Lauterburg 1995, 298

Sie müssen als Führungskraft offene und zielführende Gespräche mit den Betroffenen führen. Nur wenn Sie kommunizieren, können Sie Widerstand konstruktiv wenden. Strukturell sollten Sie Anlässe wie Foren und Workshops zum Informationsaustausch anbieten. Als wichtiges Instrument hat sich das Mitarbeitergespräch bewährt.

### Wie werde ich Change Agent?

- **Kommunizieren und beteiligen Sie!** Die meisten Veränderungen werden nicht akzeptiert, weil sie nicht im Vorfeld kommuniziert sondern oftmals von oben herab übergestülpt werden. Das evoziert Misstrauen und Widerstand. Werden Sie zum partizipativen Kommunikator von Veränderungsprozessen. Beziehen Sie die Beteiligten zumindest in der Vorphase der Entscheidungsfindung ein.
- **Verdeutlichen und begründen Sie!** Unklare Veränderungen rufen Widerstand hervor, besonders dann, wenn das Ausmaß nicht bekannt, die Ziele nicht deutlich und die Auswirkungen für die Betroffenen nicht klar sind. Holen Sie Stimmungsbilder ein, arbeiten Sie mit Worst-Case- und Best-Case-Szenarien.

Was letztlich weiterhilft, ist eine analytische Grundhaltung, in der auch die Bedenken, Befürchtungen und Gefühle der Mitarbeiter ernst genommen werden.

## Welche Konflikte haben Gruppen?

Konflikte sind eine ganz normale Form der Gruppensozialisation. In bestimmten Entwicklungsphasen einer Gruppe treten sie zwangsläufig auf. Außerdem können bestimmte Bedingungen, wie die Zusammensetzung der Gruppe, die zugewiesenen Aufgaben und die Einbettung in das Gesamtfeld der Organisation konflikthafte Situationen in Gruppen hervorbringen.

Wie eine Gruppe mit Konflikten umgeht, ist dabei ein Kriterium für die Güte ihrer Arbeit. Erfolgreiche Teams sind offen, kritik- und konfliktfähig. Selbstverständlich haben Teamleiter und -leiterinnen eine besondere Rolle und Verantwortung, wenn es darum geht, diese Konfliktfähigkeit zu erhalten.

## Konflikte im Entwicklungsprozess der Gruppe

Wenn sich eine Gruppe zusammenrauft, kommt es unvermeidlich zu Konflikten. Sie stellen die Einheit der Gruppe her und halten sie aufrecht. Allerdings gibt es auch Konflikte, durch die Gruppen sich trennen. Das ist der Fall, wenn Jugendliche sich von ihrer Familie in heftigen Auseinandersetzungen wegentwickeln und unabhängig werden. Zwar gibt die Gruppe einen Hintergrund für Konflikte ab. Andererseits haben Gruppen aber auch ein besonderes Potenzial zum Lösen von Problemen und Konflikten. Wenn Gruppen überschaubar zusammengesetzt und faire Kommunikationsregeln akzeptiert sind, lösen sie Probleme oftmals besser als Einzelne. Dies trifft insbesondere für komplexe Problemsituationen zu, da hierzu eine heterogene Zusammensetzung des Teams sinnvoll ist. Hier empfehlen wir die Grundformel: Je diversifizierter das Problem, desto heterogener sollte das Team zusammengesetzt sein. Allerdings ist der positive Effekt verschiedenartig zusammengesetzter Teams nicht ohne Anstrengung zu haben. Es bedarf persönlicher Risiken, der Fähigkeit zur Selbstreflexion und Selbstrelativierung bei den Teammitgliedern, offener Kommunikation und gewisser Regeln, um konstruktiv miteinander arbeiten und kommunizieren zu können.

Gruppen durchlaufen folgende Phasen[24]:

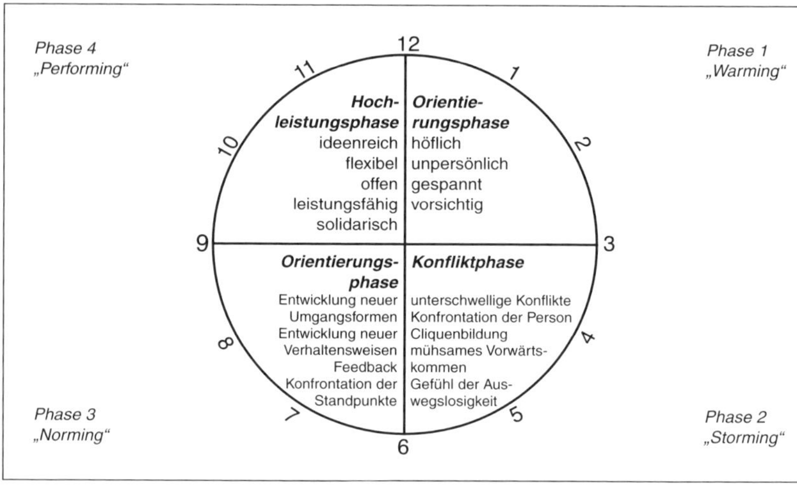


Abbildung 10: Team-Entwicklungsuhr, nach Francis/Young, 1992 , 175

## 1. Orientierungsphase (Warming)

Die Gruppenmitglieder nähern sich in Einstellungen und Verhaltensweisen einander an. Sie „beschnuppern sich“, werden miteinander „warm“. Die eigene Rolle in der Gruppe ist noch nicht bekannt. Welches Verhalten wird wohl akzeptiert, welches nicht? Von den eigenen Gefühlen zeigt man wenig, ist verschlossen. Die Abhängigkeit vom Gruppenleiter, von vorgegebenen Standards und Normen ist zunächst groß.

In dieser Phase muss eine Arbeitsgruppe

- Ziele begreifen oder eigene Ziele setzen,
- Teilziele oder Meilensteine ableiten,
- Informationen aufeinander abstimmen,
- Arbeits-, Kreativitäts- und Problemlösemethoden entwickeln,
- ihr Network aufbauen, inklusive der eigenen sozialen Beziehungen.

---

[24] Vgl. auch Lumma 1994 (in Anlehnung an Vopel)

### 2. Konfliktphase (Storming)

Nun kommt es leicht zu Konflikten. Die Gruppenmitglieder weichen z. B. von den Normen ab und experimentieren mit ihrem Verhalten. Oft stellen sie auch die vorgegebenen Rollen infrage. Es gibt Kämpfe um Macht, Status und Territorien. Es ist die Phase der Politik und der Polarisation, der Widerstände gegen die Aufgabe und das Vorgehen. Die Gruppenleitung wird infrage gestellt. Es finden oft hitzige Entweder-Oder-Diskussionen statt.

Zugleich geht es um

- Brücken schlagen zwischen individueller Orientierung und Aufgabenerfordernis,
- Rollenerarbeitung und Rollenaustragung.

### 3. Organisierungsphase (Norming)

Wenn die vorige Phase durchgestanden ist, tritt die Gruppe in eine Phase der Kooperation. Sie hat ein Gefühl der Zusammengehörigkeit entwickelt. Die Mitglieder schätzen sich, kommunizieren offen und authentisch. Der gefundene Konsens soll möglichst nicht infrage gestellt werden. Daher trifft man auf Strategien, um Konflikte zu vermeiden. Beteiligte, die die erkämpften Werte und Normen, Spielregeln und Verhaltensmuster infrage stellen, werden leicht ausgegrenzt. Die Gruppe hat ein starkes Bedürfnis, sich nach außen abzugrenzen. Das festigt ihr Gefühl der Zusammengehörigkeit. Dadurch können jedoch Konflikte mit anderen Gruppen oder dem organisatorischen Umfeld entstehen.

Wenn Projektgruppen in Konflikt mit ihrer Umwelt geraten, merken Sie das, auch wenn der Konflikt noch nicht offen ausgebrochen ist (Latenzphase), an folgenden Anzeichen:

- Vereinbarungen mit dem Management sind nicht mehr verbindlich, werden boykottiert oder hintergangen.
- Das Interesse des Managements am Projektfortschritt nimmt ab; andererseits mischt sich das Management eventuell stärker als vorher ein.

- Dann kommen immer neue Änderungen oder Nachbesserungen auf die Projektgruppe zu.
- Prioritäten, Dringlichkeiten und Wichtigkeiten werden verschoben, Absprachen nicht mehr eingehalten.
- Meetings mit der Projektleitung arten zu Grabenkriegen aus, massive Kommunikationsprobleme treten ein.
- Die Gruppe arbeitet selbstreferentiell; sie schottet sich ab, ist nicht mehr empfänglich für Anregungen aus dem Umfeld und merkt daher nicht, wenn sie Fehler macht.

### 4. Hochleistungsphase (Performing)

In dieser Phase kann die Gruppe sich effektiv ihrer Aufgabe zuwenden. Die Einzelnen stellen ihre Aktivitäten in den Dienst der Gruppenaufgabe und verfeinern ihre Zusammenarbeit. Verhaltensstandards erleichtern die Arbeit. Diese Phase kann weiter verbessert werden, indem

- über die Zusammenarbeit reflektiert wird,
- Workshops zur Gruppenentwicklung/Teamentwicklung eingerichtet werden,
- regelmäßig Feedbacks gegeben werden,
- Anerkennung und Erfolge gefeiert werden.

In ihrem Findungsprozess muss die Gruppe mit einigen Widersprüchen fertig werden. Einerseits muss das Gruppenmitglied seinen Platz in der Gruppe finden und sich einordnen, sich anpassen oder sich sogar ihrem Druck unterwerfen. Andererseits werden Gruppen auch als Rückhalt, als Ort sozialer Geborgenheit erlebt. Jeder versucht, sein Selbstbild darin aufrechtzuhalten. Auf der anderen Seite wird dieses Bild durch Prozesse der Rückkoppelung mit anderen Gruppenmitgliedern immer wieder infrage gestellt. In einer Gruppe sind Sie deshalb nie genau der- oder dieselbe wie außerhalb.

Und wer bestimmt eigentlich die Ziele und Vorgehensweise der Gruppe? Wie werden Entscheidungen getroffen? Einerseits möchte jeder seine eigenen Ziele durchsetzen, andererseits verspricht die Gruppe mehr Erfolg beim Erreichen der Ziele, sofern die allgemeinen Ziele mit den individuellen übereinstimmen.

## Rollenkonflikte

Gruppen und Teams müssen immer wieder die Dynamik zwischen aktiveren und passiveren Mitgliedern aushalten. Die aktiveren rangeln sich um den Best-Practice-Weg oder um die kommenden Ziele. Gemeint ist hier auch eine positive Dynamik, die es den aktiven Mitgliedern erlaubt, das Team „unter Strom" zu halten und auch Führungsrollen zu übernehmen. Andere Mitglieder sind dagegen eher beziehungsorientiert und agieren auf der Harmonieebene, manchmal auch zu stark. Sie sind interessiert an der Ausgestaltung der Beziehungen. Ihr Sensitivitäts- und Sensibilitätsvermögen ist stärker ausgeprägt, also die Art und Weise, wie sie mitbekommen, was sich im Umfeld oder im Umkreis der Person abspielt. Sie haben ein Gespür für Beziehungsstörungen und verdeckte Konflikte.

### FÜHRUNGSROLLEN

Eine ausgewogene Balance erfordert im Idealfall ein gegenseitiges Ergänzen der o. g. Dimensionen in der Ausgestaltung der Leitungsrolle. Dann ist ein „Manager" für die Aufgabenerfüllung, strategische Zielsetzung, Planung, Ressourcenbereitstellung und Controlling und ein „Leader" für den Gruppenprozess und -zusammenhalt, das „Wir-Gefühl" zuständig. Er/sie versteht sich auf Motivation. Diese Führungsdyaden sind nicht ungewöhnlich, insbesondere dann nicht, wenn die Funktionen des Managers und Leaders zur Rollenüberfrachtung einer einzelnen Person in der Rolle des Teamleiters führen würden. Beide Dimensionen der Führung, Aufgaben und Zielerfüllung und die Mitarbeiterorientierung sind von zentraler Bedeutung. Die formelle Führungsrolle kann von der informellen abweichen, hier ein Beispiel:

*Die Gruppenleiterin in einem Call-Center ist eine junge Kollegin. Die anderen wollen sich von ihr nichts sagen lassen. Dagegen hat eine ältere, erfahrene Mitarbeiterin informell viel mehr Einfluss auf die Gruppe als die Leiterin.*

Weitere, zum Verständnis von Konflikten wichtige Rollenvorstellungen können sein:

### MITMACHER

Wir sprechen hier auch von Personen, die der Gruppe nicht unbedingt freiwillig angehören müssen, oft sind sie nicht einmal überzeugt von ihrer Tätigkeit. Vertrauen Sie also nicht auf allzu viel Engagement dieser Personen. Ihr Leitwolf ist Meinungsführer in der Gruppe. Zugleich werden sie zum strategischen Spielball in Konfliktsituationen, denn die Konfliktparteien versuchen diese auf ihre jeweilige Seite zu ziehen.

### KONTRAHENT

Menschen mit Ecken und Kanten, mit einem „eigenen Kopf" treten oft in dieser Rolle auf. Das erstaunliche sind die hiermit in vielen Fällen verbundenen Führungsqualitäten, die ans Tageslicht treten. Diese Personen agieren und konterkarieren, um einen Platz in der ersten Reihe zu übernehmen. Gibt die Gruppe keinen Raum für diese Qualitäten, gelingt es nicht, diese Personen zu integrieren, dann treten regelrechte Rivalitätsfehden ein, die destruktiven Charakter besitzen. Zwischen Widersacher und Führungspersönlichkeiten existiert ein Kräftefeld.

### INDIVIDUALIST

Außenseiter und Eigenbrödler sind in Gruppen nicht per se ausgegrenzte Rollen. Diese Menschen hinterlassen eigene Spuren, gehen eigene Wege und halten sich größtmöglich aus informellen Policy-Spielchen, die Tratsch und Klatsch behaftet sind heraus. Was ihnen meist fehlt, ist eine klar umrissene Rolle innerhalb der Gruppe. Sie eignen sich für die Rolle des Advocatus Diaboli, indem sie vehement Kontrapositionen vertreten, um allen das Für und Wider vor Augen zu halten. Ebenfalls eignen sie sich u.U. auch als Vermittler in schwierigen Situationen. Dafür braucht der Individualist allerdings die uneingeschränkte Rückendeckung und Akzeptanz aller Beteiligten in dieser Rolle. Sene Sonderstellung, die sich nicht im Fokus der Gruppe befindet, ermöglicht ihnen diese Position.

### SÜNDENBOCK

Zum Sündenbock werden Personen, die von gesetzten Gruppenwerten und –normen abweichen. Gefährdet sind schwächere Menschen, die

die Normen nicht erfüllen können, oder aber auch die sog. Überflieger. Das Spiel funktioniert so, dass die Gruppe ihre Normen und Regeln aufrecht erhält., indem sie diese Personen ausgrenzt oder „bestraft". Sündenböcke spiegeln vielfach tieferliegende Probleme in der Gruppe. So kann in der Gruppenkonstellation „Familie" ein verhaltensauffälliges Kind indirekt auch Beziehungsstörungen der Eltern zum Ausdruck bringen. Gemäß dem Prinzip der Komplexitätsreduktion glauben Gruppen, das Problem durch Ausgrenzung des Störers erledigt zu haben. Weit gefehlt! Denn die Person mit den angeblichen Konfliktmerkmalen ist nicht immer auch diejenige, welche den Konflikt verursacht hat.

*Das Projekt, für das Günter zuständig ist, stagniert seit einiger Zeit. Mit den einmal entwickelten Routinen und eingefahrenen Beziehungen kommt keine neue Dynamik auf. Paul, der Quereinsteiger mit neuen, unkonventionellen Ideen, stößt, ohne es zu wissen, in diese Wunde – und wird dafür bestraft. Das Team mobbt gegen ihn.*

## Fragen zur Rollenstruktur der Gruppe

- Achten Sie einmal auf die Meinungsäußerungen der Gruppenmitglieder. Wer äußert sich oft gegensätzlich und warum?
- Wie gehen Gruppenmitglieder mit Unterschiedlichkeit um? Wird Individualismus in Person oder als Meinung als fremd oder gar bedrohlich ausgegrenzt und abgelehnt?
- Wer ist inoffizieller Manager und Leader der Gruppe? Wer verhält sich wie eine Führungspersönlichkeit? In welcher Position und Beziehungskonstellation steht diese Person zur offiziell nominierten Gruppenleitung? Wie verhalten sich die anderen Gruppenmitglieder in diesem „Führungs-Gap"? Entdecken diese eine Führungslücke oder eine Auseinandersetzung um die Führungsrolle zwischen dominanten Personen?

- Tritt die Führung patriarchalisch-autoritär, autokratisch, partizipativ-kooperativ, nachgebend oder schwach auf? Wie steht es mit der Akzeptanz dieses Führungsverhaltens in der Gruppe?
- Ist Wettbewerb als in der Gruppe bemerkbar? Wie verhalten sich profilierte Gruppenmitglieder?
- Besitzt die Gruppe einen Vermittler? Was ist das für eine Person?
- Gibt es einen kritischen Freund (critical friend) oder einen regelrechten Außenseiter? Gibt es auch jemanden in der Rolle des Advocatus Diaboli, der gern gesehene Selbstverständlichkeiten infrage stellt?
- Wie sehen Soziogrammstrukturen aus? Wer steht mit wem in welcher Beziehung? Wer redet mit wem und wie viel?
- Wer schweigt überwiegend und warum? Wer engagiert sich kaum?
- Wer prägt das Arbeits- und Organisationsklima in positiver Weise?

## Konfliktthemen in Gruppen

Menschliches Verhalten ist reich und vielfältig. Gruppen bestimmen, welches Verhalten erwünscht und welches unerwünscht ist. Sie lassen nicht alle möglichen Eigenschaften und Verhaltensweisen zu, sondern schränken das Repertoire der Mitglieder ein. Indem manches Verhalten geringer, manches höher geschätzt wird, differenzieren sie auch die Fähigkeiten ihrer Mitglieder. Innerhalb der Gruppe muss der Einzelne seine Individualität aufrechterhalten, aber sich auch in die Gruppe integrieren – ein Widerspruch, der immer wieder neu ausbalanciert werden muss.

Dennoch können in einer Gruppe nicht alle der Norm der Gruppe in gleicher Weise entsprechen. Das wäre äußerst unproduktiv. Unterschiede gibt es, abgesehen von unterschiedlicher Qualifikation, Erfahrung, Kultur und Geschlecht – um nur einige Diversity-Dimensionen zu nennen – hinsichtlich der folgenden[25] Dimensionen. Weil alle für eine Gruppe notwendig sind, sollten sie jeweils durch bestimmte Personen in ihnen vertreten sein.

### Vorliebe für Neues und Abwechslung versus Orientierung an Gewohntem und Bewährtem

Dieser Konflikt zeigt sich in der Gruppe als Thema zwischen „Bewahrern" und „Erneuerern". Beide Funktionen sind notwendig, um einerseits die Identität der Gruppe zu bewahren und sie stabil zu halten und andererseits die Gruppe kreativ und offen zu halten. Werden diese gegensätzlichen Position nicht verstanden, entstehen oft destruktive Auseinandersetzungen, in denen die eine Seite die andere als „kreative Spinner" bezeichnet oder umgekehrt als „angepasste Macher". Im akademischen Umfeld begegnen uns dann Schimpfwörter wie „Innovationsrhetoriker" versus „Strukturkonservativer". Letztlich ist eine Gruppe auf beide Positionen angewiesen. Wir selbst lieben sowohl die Abwechslung als auch das Vertraute.

### Abgrenzung und Autonomie versus Geselligkeit und Harmonie

Das zentrale Thema ist hier die Spannung zwischen dem unabhängigen Individuum mit eigenen Interessen und der Gruppenzugehörigkeit. Inwieweit ist der Einzelne bereit, sich Gruppeninteressen und –normen unterzuordnen, ohne dabei seine Individualität aufzugeben? Die Gruppenmitglieder können diese Spannung auf verschiedene Weise lösen (als Außenseiter oder als Betriebsnudel). Je nach Situation identifizieren sie sich stärker oder schwächer mit den Gruppennormen („Wenn es gegen die Abteilung X geht, mache ich mit. Wenn ihr gegen die Personen Y und Z vorgeht, könnt ihr mit mir nicht rechnen."). Und je nach Persönlichkeit neigen sie eher zum einen oder zum anderen Verhalten.

---

[25] Vgl. Kellner 1999, 8 ff.

### Aktivität – Passivität und der Umgang mit Gefühlen

Optimal ist sicherlich ein Mix an Temperamenten in der Gruppe. Aktivere Mitglieder drängen die Gruppe nach vorn, passivere verkörpern ausgleichend eher Ruhe und Zurückhaltung gegenüber Herausforderungen. Prinzipiell muss jede Gruppe ihren Weg im Umgang mit Gefühlen finden – der kulturell stark geprägt ist. Das zeigt sich vor allem in multikulturell zusammengesetzten Teams. Inwieweit ist es erlaubt, dass der Einzelne die Gruppe mit seinen Gefühlen konfrontiert? Werden Gefühle in Arbeitsgruppen überhaupt artikuliert? Welche Intensität und Intimität der Beziehungen akzeptiert die Gruppe? Wie wird mit Sexualität umgegangen? In Arbeitsgruppen sind Gefühle weitgehend tabuisiert. Für eine konstruktive Bewältigung der Konflikte ist das allerdings eher hinderlich, weil in Konflikten immer Gefühle beteiligt sind.

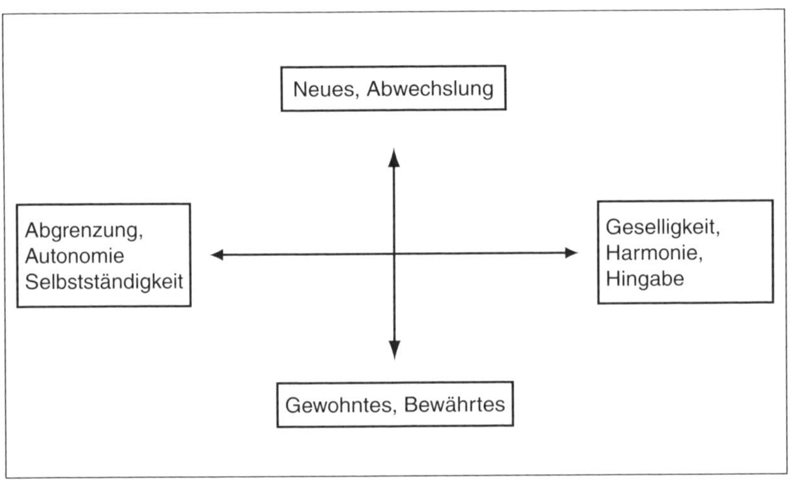


Abbildung 11: Grundorientierungen, Kellner 1999, 8

Um die Kommunikation der Gruppe zum Thema zu machen, können Sie den folgenden Analysebogen verwenden[26]:

[26] Nach Neuberger 1992, 79

## Fragebogen zur Arbeitsgruppe (Metakommunikation)

| | ja | manchmal | nein |
|---|---|---|---|
| Wir haben die Gelegenheit, die jeweils eigene Meinung vorzubringen. | | | |
| Ich fühle mich frei und ungehemmt, meine eigene Meinung zu sagen. | | | |
| Wenn einer spricht, hören die anderen aufmerksam zu. | | | |
| Bei Besprechungen ist klar, was das Ziel ist. | | | |
| Alle haben die für das Gespräch wichtigen Informationen. | | | |
| Beiträge werden immer erst positiv gewürdigt, bevor sie kritisiert werden. | | | |
| Die Gesprächsteilnehmer sind alle gleichermaßen engagiert. | | | |
| Die Besprechungen sind immer nützlich. | | | |
| Es kommt immer etwas Konstruktives dabei heraus. | | | |
| Unsere Besprechungen sind locker und machen Spaß. | | | |
| Inhaltliche Meinungsverschiedenheiten werden offen ausgetragen. | | | |
| Persönliche Differenzen werden offen angesprochen. | | | |
| Ich fühle mich von den anderen akzeptiert. | | | |
| Jeder weiß, was der andere von ihm hält. | | | |
| Wir unterhalten uns oft darüber, was in der Gruppe gut, was weniger gut läuft. | | | |
| Die Neigung zu Monologen ist weit verbreitet. | | | |

| | | | |
|---|---|---|---|
| Manche von uns beteiligen sich gar nicht. | | | |
| Zwischen Einzelnen gibt es immer wieder dieselben Diskussionen. | | | |
| Es gibt die Tendenz, sich an Verfahrensfragen aufzuhängen. | | | |
| Wir hören uns immer gut zu. | | | |
| Es gibt eine hohe Bereitschaft zu Kompromissen. | | | |
| Triviale und wichtige Fragen nehmen oft gleich viel Zeit in Anspruch. | | | |
| Wir schweifen oft vom Thema ab. | | | |
| Manche von uns kümmert es wenig, was wir beschlossen haben. | | | |
| Wir können gegensätzliche Auffassungen und Verhaltensweisen gut nebeneinander bestehen lassen. | | | |

Die Gruppenmitglieder füllen den Bogen anonym aus. Anschließend visualisieren Sie als Gruppenleitung die Ergebnisse an einer Moderationswand und reflektieren Sie gemeinsam mit der Gruppe.

## Managing Diversity

Hintergrund für die Entstehung von Konflikten ist in vielen Fällen die mangelnde Fähigkeit einer Gruppe oder auch von Einzelpersonen, mit der in Gruppen aufeinander treffenden menschlichen Vielfalt und mit den Abweichungen von dem, was man selbst gut findet, konstruktiv umgehen zu können. Als Orientierung in Gruppen und Organisationen dienen allgemeine Normen, ungeschriebene Gesetze und Spielregeln der Organisationskultur und auch die eigenen kulturellen Normen, die zu gern verallgemeinert und unhinterfragt zum Standard erhoben werden.

Doch in verschiedenartig, insbesondere in multikulturell zusammengesetzten Teams werden die eigenen Standards schnell brüchig. Nehmen

Sie ein Item aus dem obigen Fragebogen zur Metakommunikation in Arbeitsgruppen als Beispiel. Da heißt es: Inhaltliche Meinungsverschiedenheiten werden offen ausgetragen. Dies ist nur möglich in einer Kultur bzw. auf der Grundlage von Normen, die Differenz erlauben, die Harmonie nicht als Wert an sich hervorbringen und in der Macht und Hierarchie nicht dazu beitragen, Verschiedenheiten zu unterdrükken – in einer zivilisierten Streitkultur.

Dass diese nicht überall gegeben ist, zeigt nicht nur der Blick in verschiedene Nationalkulturen. Ein offener Meinungsstreit ist zur Aufrechterhaltung bürokratischer Strukturen auch hierzulande dysfunktional, eine Streitkultur in entsprechend organisierten Unternehmen und ihrer Unternehmenskultur daher eher selten anzutreffen. Da kursieren dann Geschichten darüber, was mit einem „Querdenker“, „Abweichler“ so passiert ist, wie schlecht es ihm ergangen ist, woran er gescheitert ist – als mahnendes Exempel für alle anderen.

Ausgrenzung der anderen passiert auch klammheimlich, indem man bestimmte Regeln, Stile, Verhaltensweisen absolut setzt, ohne Verständnis dafür, dass andere sinnvollerweise in ihrem Umfeld durch ihre Herkunft andere Stile, Verhaltensweisen und Normen entwickelt haben. Andererseits ist eine Gruppe auf Übereinkünfte und Normen angewiesen, um als Gruppe bestehen zu können. Hier eine Balance zwischen verbindlichen Regelungen und Zielen einerseits und Offenheit, Überprüfen der eigenen Standards und Verunsicherung herzustellen, ist ein Prozess, der viel Fingerspitzengefühl erfordert.

## Was bedeutet Diversity?

Zur Veranschaulichung dient folgende Geschichte[27]:

*In einer kleinen Vorstadtgemeinde hatte eine Giraffe ein neues Haus gebaut, ganz nach ihren Vorstellungen und Bedürfnissen. Für Giraffen war es ein wunderbares Haus, mit turmhohen Decken und einem hohen Eingangstor. Die weit oben angebrachten Fenster sorgten für maximales Licht, die engen Flure sparten*

---

[27] Nach Thomas 2001, 25 ff.

*Platz, ohne dass die Bequemlichkeit dadurch eingeschränkt wurde. Eines Tages sah die Giraffe aus dem Fenster und erkannte den Elefanten, ebenfalls ein guter Schreiner wie sie selbst, und sie bekam Lust, ihn einzuladen, mit der Idee, möglicherweise einige Projekte zusammen zu machen. Der Elefant war hoch erfreut. Erwartungsvoll ging er zur Eingangstür und wartete, bis man ihm aufmachte.*

*Die Giraffe bat den Elefanten herein, aber sofort wurde er vor ein gravierendes Problem gestellt. Der Elefant konnte zwar seinen Kopf durch die Tür stecken, weiter kam er jedoch nicht. „Zum Glück hatten wir für die Tür gleich Erweiterungsmöglichkeiten vorgesehen," sagte die Giraffe und öffnete weitere Bolzen und Bretter und ließ den Elefanten eintreten.*

*Kaum waren sie im Gespräch über ihre Arbeit, klingelte das Telefon im oberen Stockwerk. Die Giraffe forderte den Elefanten auf, es sich bequem zu machen und entschuldigte sich für die Dauer des Gespräches. Der Elefant schaute sich um und entdeckte im hinteren Teil des Raumes etwas, das ihn interessierte. Er beschloss, es sich genauer anzusehen, als er sich jedoch dorthin bewegte, gab es ein verdächtiges Knirschen. Er trat zurück und überlegte, dass es vielleicht doch besser sei, der Giraffe nach oben zu folgen. Doch als er die Treppe hoch gehen wollte, bemerkte er, dass die Stufen unter ihm zu krachen begannen. So schnell er konnte sprang er herunter und stürzte dabei gegen die Wand, die dabei Risse bekam.*

*Er war noch ganz benommen, als die Giraffe die Treppe herunter kam. „Was ist denn, um Himmels willen, hier passiert?" fragte sie. „Ich habe nur versucht, es mir bequem zu machen," sagte der Elefant. Die Giraffe sah sich um: „Ich erkenne das Problem. Der Durchgang ist zu eng, wir müssen Sie schlanker bekommen. Hier in der Nähe gibt es ein Fitnessstudio. Nach einigen Wochen Training dürften wir Sie auf die richtige Größe heruntertrainiert haben. Und außerdem ist die Treppe zu schwach für Ihr Gewicht. Wenn Sie abends noch Ballettstunden nehmen, bekommen Sie Ihr Gewicht bestimmt in den Griff. Ich würde mich wirklich darüber freuen, denn ich habe Sie gern hier."*

*„Vielleicht," sagte der Elefant wenig überzeugt.*

Ausgrenzung und Ablehnung, z. B. bei Mobbing, oder im Gegenteil Sympathie und Zustimmung beziehen sich nicht ausschließlich auf Stile, Verhaltensweisen, Normen und Werte. Diversity umfasst mehr oder weniger sichtbare Unterschiede wie Rasse, ethnische Herkunft, Geschlecht, Alter, körperliche Einschränkungen[28] ebenso wie weniger offensichtliche Merkmale und Eigenschaften wie z. B. die sexuelle Orientierung, Lifestyle, Werte, Rollenverständnisse, Denkweisen, soziale Herkunft, Qualifikation, Erfahrungen u. a. Diversity umfasst alles, worin Menschen sich unterscheiden bzw. sich ähnlich sein können.

Unterschiede und Gemeinsamkeiten existieren dabei in erster Linie in den Köpfen, dem Denken. Das macht die einen ähnlich (Ingroup), die andern anders, fremd (Outgroup). Und damit wird das Verhalten der anderen beeinflusst. Was man von den anderen erwartet, hat Wirkung. Zum Beispiel wird älteren Mitarbeitern zugeschrieben, dass sie nicht mehr so leistungsfähig seien – unabhängig vom jeweiligen Einzelfall und ihrem u. U. enormen Erfahrungswissen. Also haben sich die Einzelnen zu rechtfertigen. Und es wird erwartet, dass Frauen Mütter werden, obwohl ihre Berufsorientierung eindeutig zugenommen hat. Hier liegen Ursachen für verdeckte Diskriminierungen.

---

[28] Lt. Equal Opportunity Comission USA, vgl. Art. 13 EU Vertrag, vgl. Artikel in praktisch allen demokratischen Verfassungen und abgeleiteten Gesetzen

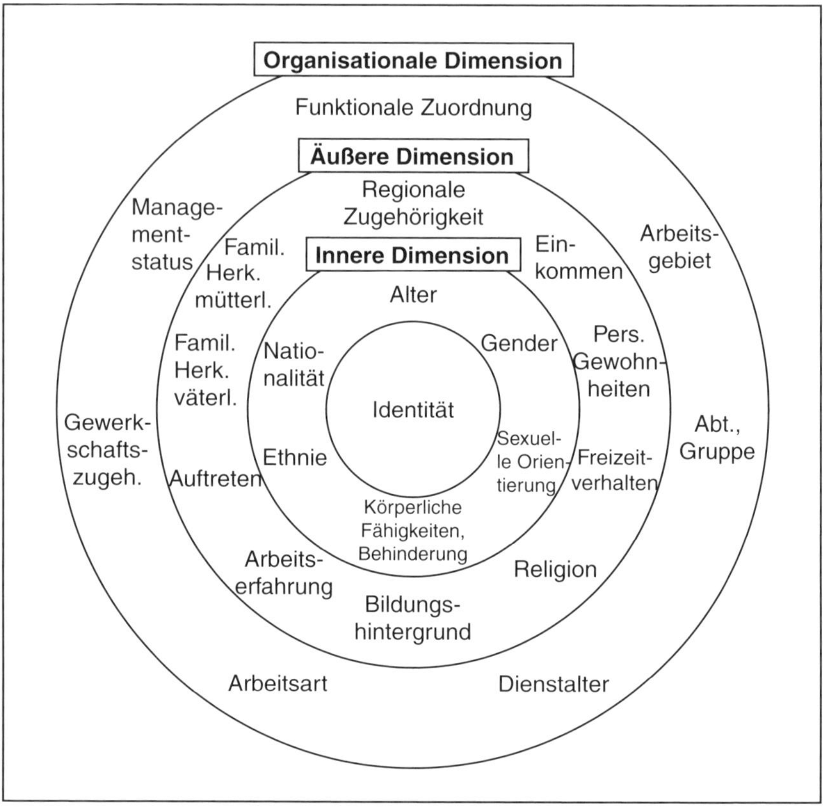


Abbildung 12: Vier Schichten von Diversity. Nach Gardenswartz/Rowe 1998, 25, übertragen von Bruchhagen, Koall, Höher 2001

In neueren Definitionen gehören Gemeinsamkeiten ebenfalls in ein Diversity-Konzept. Das Augenmerk wird nicht nur darauf gerichtet, worin sich die Menschen in einer Organisation unterscheiden, sondern auch darauf, wo sie Gemeinsamkeiten haben. Diversity gilt insofern als Konzept der Unternehmensführung, mit dem Verschiedenartigkeiten und Gemeinsamkeiten gemanagt werden.[29]

[29] Wagner/Sepehri Personal 9/2000, 456

Die Geschichte vom Elefanten und der Giraffe verdeutlicht die Bedeutung von Diversity – und wie sie als Managementkonzept missverstanden werden kann. Wenn Aufgaben bzw. Projekte gemeinsam zu lösen sind, stellt das die Beteiligten und die Umgebung vor neue Herausforderungen. Es geht nicht nur um Kommunikation, gemeinsame Sprache und Ziele, es geht darüber hinaus um eine für alle Seiten unterstützende Organisationsumgebung und um entsprechende Strukturen.

Diversity meint nicht, dass sich eine Seite der anderen anpassen soll – der Elefant soll zur Giraffe schlanktrainiert werden -, sondern es geht um ein wechselseitiges Lernen, d. h. um Adaptieren sinnvollen, situations- und personangemessenen Verhaltens, Vergessen alter Standards und Prägungen, die der Lösung gemeinsamer Aufgaben oder der Kommunikation im Wege stehen. Diversity gibt allen die Chance zu lernen, der Ingroup und der Outgroup, wenn entsprechende Anlässe, z. B. multikulturelle, verschiedenartige Teams, gegeben sind.

Beziehen wir diese allgemeinen und abstrakten Ausführungen einmal auf die Sitzungskultur. Welchen Einfluss können kulturelle Normen und Wertvorstellungen hier ausüben?[30]

---

[30] Nach Gardenswartz/Rowe 1998, 214 f. adaptiert von Bruchhagen, Höher, Koall 2001

## DER EINFLUSS KULTURELLER NORMEN AUF MEETINGS

| Kulturelle Normen | Einfluss auf Meetings | Handlungsmöglichkeiten |
|---|---|---|
| Respekt vor Autoritäten | Diese Norm führt zu geringerer Bereitschaft, herausfordernde Ideen von Leuten eines gewissen Alters oder Titels anzunehmen. Dies kann Problemlösungen verhindern und zu einer eher förmlichen Atmosphäre führen. | Verdeutlichen Sie Ihre Erwartungen, dass die Beteiligung für den Erfolg des Unternehmens wichtig ist. Loyalität ist auch hier eine Norm, die Sie nutzen können. Respektieren Sie die informelle Leitung in der Gruppe (begründet auf Alter, Wissen, Titel, Gesamteinfluss). Erbitten Sie die Unterstützung dieser Person und geben Sie ihr die selbe Unterstützung, wie es die Gruppe tut. |
| Betonung der Gruppe vor dem Individuum | Die Wertschätzung der Gruppe führt einige Führungskräfte zu der Annahme, diese Mitarbeitenden seien unmotiviert, weil sie sich eher dem Tempo der Gruppe anpassen, anstatt individuelle Anerkennung oder Förderung anzustreben. | Die Gruppe ist Ihr bester Verbündeter. Nutzen Sie dies! Fordern Sie Teamarbeit, Harmonie und Zusammenarbeit ein. Strukturieren Sie die Arbeitsaufgaben und stellen Sie Gruppenarbeit ins Zentrum. |
| Angst vor Scham und Gesichtsverlust | Wenn Menschen Angst davor haben, das Gesicht zu verlieren oder Fehler zu machen, sind sie wahrscheinlich weniger bereit, Risiken zu übernehmen oder unkonventionelle Ideen mitzutragen. | Sprechen Sie über die Wichtigkeit, kluge Risiken zu tragen und verstärken Sie dies, auch wenn die Gruppe Fehler macht. Vermeiden Sie, jemanden „vorzuführen" bzw. zu tadeln. Entwickeln Sie das Gruppenmotto: „Wir halten zusammen". Ermuti- |

| | | |
|---|---|---|
| | | gen Sie zur Übernahme von Risiken und belohnen Sie Anstrengungen. |
| Eher beziehungs-orientierte, weniger direkte Kommunikation | In weniger direkten Kulturen ist es schwieriger herauszufinden, was jemand wirklich denkt. Dies kann, innerhalb und außerhalb von Meetings zu Missverständnissen führen. | Entwickeln Sie langfristig eine gute und vertrauensvolle Beziehung. Es braucht seine Zeit, bis die Menschen die feinen Nuancen verstehen, genauso wie es Zeit braucht, sich einander zu öffnen. Vermeiden Sie die allzu direkte Vorgehensweise in der Kommunikation, aber Sie können die feinen, nonverbalen Zeichen aufmerksam beobachten. Lassen Sie sich und den anderen Zeit. |
| Betonung von Harmonie und Zusammenarbeit | Diese Norm ist vorteilhaft, weil die Menschen eine positive Arbeitsatmosphäre aufbauen wollen. Der Nachteil kann die fehlende Bereitschaft sein, schmerzhafte Wahrheiten zu diskutieren, auch wenn dies nötig sein sollte. | Holen Sie die nötigen Informationen auf eine einfühlsame und unbedrohliche Art und Weise ein, auch auf informellem Wege. Arbeiten Sie mit der Gruppe an dieser Informationssammlung. Das gibt Sicherheit und verringert die unangenehmen Gefühle. |
| Familie als erste Priorität | Es gibt Zeiten, in denen die Familie aus verschiedensten Gründen im Vordergrund steht. Die Betreffenden könnten u. U. Sitzungen verpassen oder über Sitzungsentscheidungen nicht informiert sein. Termine könnten nicht eingehalten oder versäumt werden. | Arbeiten Sie gemeinsam an einem Kompromiss zwischen familiären und beruflichen Anforderungen. Engpässe und Notsituationen in der Familie sind für jeden nachvollziehbar. Es gibt immer Verhandlungsspielräume. Die Gruppe kann für kurze Zeit den Ausfall überbrücken. Wenn diese Ereignisse zum Dauerzustand werden und |

| | | |
|---|---|---|
| | | die Arbeit behindern, müssen Entscheidungen getroffen werden. |
| Zeitbewusstsein | Die Zeitregeln müssen für alle gelten, sonst wird Verdrossenheit aufkommen. Seien Sie vorsichtig, einige lokkere Verhaltensweisen als Anzeichen für Faulheit oder mangelndes Interesse anzusehen. | Verdeutlichen Sie Meetingnormen und -erwartungen. Wenn Sie sich entschieden haben, wie lokker oder strikt Sie mit Zeit umgehen wollen, bleiben Sie dabei. Pünktlichkeit ist ein Ausdruck von Respekt vor der Gruppe. |
| Weniger lineare und analytische Problemlösung | Manchmal haben Sie sicherlich das Gefühl, Sie kommen auf direktem Wege nicht zur Lösung. Aber wechselseitiges, intuitives Denken leistet einen wichtigen Beitrag zum Prozess. | Lernen Sie unterschiedliche Denkweisen zu schätzen und zu nutzen. Diese Differenzierung ist wahrhaftig eine der größten Chancen des Diversity-Ansatzes. |
| Einfluss von Fatalismus auf Zielsetzung und Planung | Die „Schicksalsergebenheit" einiger Kulturen erweckt den Anschein, dass Menschen aus dieser Kultur weniger motiviert seien. Religiöse Prägungen bestimmen eine Kultur in hohem Maße. | Ermöglichen Sie den Gruppenmitgliedern, den direkten Zusammenhang zwischen der Verantwortlichkeit, die sie übernehmen und den Ergebnissen, die sie erzielen, zu erfahren. Das wird für einige Menschen eine völlig neue Sichtweise sein. Insbesondere für solche Menschen, die bisher nicht erfahren haben, dass sie Einfluss auf ihr eigenes Leben haben. Geduld, Respekt und positive Verstärkung wird hier helfen. |
| Wie sind Ihre Erfahrungen? Mit welchen Normen und Werten können Sie sich arrangieren? Welche bereiten Ihnen Probleme? | | |

| Übung[31] | |
|---|---|
| Normen und Werte, die ich mag | Normen und Werte, mit denen ich Schwierigkeiten habe |
| | |
| | |
| | |
| | |
| | |
| | |
| | |

## Was nützt Diversity?

Zunehmend wird Diversity als Quelle von Kreativität und Problemlösefähigkeit erkannt. Vielfältig zusammengesetzte Gruppen finden besser zu neuen Lösungen als homogene Gruppen. Es kommt auf den passenden Mix von Fähigkeiten, Typen, Stilen an, der sich vermutlich in einer demografisch heterogen zusammengesetzten Gruppe besser abbilden lässt. Wenn kompetente Menschen unterschiedlichen Geschlechts, verschiedener Herkunft, verschiedenen Alters in einem Team auf Basis gemeinsamer Ziele fair und effektiv zusammenarbeiten, entstehen bessere und neuere Lösungen, hat die Organisation einen Vorteil.

Neben diesem Kreativitätsargument gibt es weitere Gründe, die für die Entwicklung eines Managing Diversity sprechen[32]:

- Das Personalmarketingargument: Binden der besten Potenziale an das Unternehmen.
- Das Marketingargument: Vielfalt unter den Mitarbeitenden führt eher zur Wahrnehmung von unterschiedlichen Wünschen und Bedürfnissen bei den Kunden.

---

[31] Vgl. Gardenswartz/Rowe 1998, 161

[32] Vgl. Emmerich/Krell 1998, 370, Krell 2000, 113 ff.

- Das Flexibilitätsargument: Vielfalt unter den Mitarbeitenden erhöht die Flexibilität in der Reaktion der Organisation auf Umweltveränderungen.
- Das Problemlösungsqualitätsargument: Heterogenität in Teams führt zu besseren Lösungen.
- Das Kostenargument: Misslungenes Integrationsmanagement führt zu erhöhten Kosten.
- Das Internationalisierungsargument: Diversity erleichtert das Agieren auf internationalen Märkten.

Man kann Diversity in der eigenen Organisation aus verschiedenen Gründen praktizieren:

- aus moralischen Gründen (Fairness, Antidiskriminierung),
- um Zutritt zu weiteren Märkten zu bekommen (Marktzutritt, Legitimität) und
- um Lernen und Effektivität in der Organisation zu steigern.[33]

### Fairness- und Diskriminierungsansatz

Hier geht es vor allem um Diversity als ein Instrument zur Gleichberechtigung von Organisationsmitgliedern, die als benachteiligt gelten, z. B. Menschen anderer Hautfarbe, Homosexuelle, Behinderte, Frauen usw. Es geht um

- faire und gleiche Behandlung aller – Unterschiede werden bewusst ignoriert,
- Quoten bei der Personaleinstellung für unterrepräsentierte Mitarbeitergruppen,
- moralisch-rechtliche Begründung,
- Demografische Repräsentierung der Gesellschaft im Unternehmen,
- staatliche Regulierungsmaßnahmen (z. B. Antidiskriminierungsgesetzgebung).

---

[33] Zu den folgenden Ansätzen vgl. u.a. Wagner/Sepehri Personalführung 7/2000, 51 ff.

### Marktzutrittsansatz

Hier geht es um Diversity als ein marktorientiertes Instrument, so wie es deutsche Führungskräfte auch mehrheitlich verstehen. Weil Kunden und Märkte divers sind, muss auch die Mitarbeiterschaft divers sein. Es ist besser für die Organisation, wenn z. B. türkische Verkäufer auf türkische Kunden zugehen können, lateinamerikanische Entwickler Produkte für den lateinamerikanischen Markt entwickeln und erfahrene französische Berater einer international agierenden Unternehmensberatung in Frankreich eingesetzt werden. Oder wenn in einer Kultur, in der Frauen in ihrer Professionalität wenig akzeptiert sind, Männer zur Verhandlung geschickt werden, in einer Kultur, in der viel Wert auf Status und Hierarchie gelegt wird, der Geschäftsführer persönlich das Gespräch leitet. Diese Beispiele sollen einen gängigen Diversity-Ansatz illustrieren. So legitim und nützlich ein solches Vorgehen jeweils ist, es bleibt leicht gängigen Klischees verhaftet.

### Lern- und Effektivitätsansatz

Hier wird Diversity als ein ganzheitlicher Managementansatz verstanden. Es geht um

- Lerneffekte durch vielfältige Mitarbeiterschaft,
- Wertschätzung, Offenheit und Interesse an neuen, anderen Perspektiven,
- Integration,
- eine von Toleranz geprägte Unternehmenskultur,
- ressourcenorientierte Betrachtungsweise von Vielfältigkeit,
- Effektivität und Wettbewerbsvorteil durch Diversity.

Managing Diversity ist Bestandteil einer lernenden Organisation, die im Human Resources Management die Potenziale ihrer Mitglieder fördert und nutzt, unabhängig von Herkunft, Geschlecht, Alter, sexueller Orientierung o. a. Es wird getragen von der Vision einer transkulturellen Organisation – dies wäre, um im Beispiel zu bleiben, – ein Haus, dass nach den Bedürfnissen von Giraffe und Elefant konstruiert wäre, damit beide darin ihre Fähigkeiten entfalten können, ohne sich füreinander im Dienste der gemeinsamen Sache verbiegen zu müssen.

## Warum ist Managing of Diversity nötig?

Diversity wird zunehmend ein Kernthema des Managements sein. Für welche Situationen müssen sich Unternehmen entwickeln?

- Internationalisierung und Globalisierung
- Frauenförderungs- und Antidiskriminierungsvorgaben (im Ausland, insbesondere USA, z. T. schon weiterentwickelt als hierzulande und etabliert)
- Diversity auf dem Arbeitsmarkt/vielfältige Belegschaft
- Individualisierung
- Demografische Faktoren (Mangel an Arbeitskräften, Überalterung der Gesellschaft)
- Diversity der Kunden, differenzierte Kundenstruktur
- Firmenfusionen, Mergers
- Cultural Change in Organisationen
- Wachsende Komplexität von Aufgaben (erfordert Diversity)

Man kann davon ausgehen, dass eine vielfältig zusammengesetzte Mitarbeiterschaft zunehmend Realität ist. Nicht nur international tätige Unternehmen müssen sich dem stellen, der Mangel an qualifizierten Arbeitskräften zwingt auch andere dazu, Arbeitskräfte im Ausland anzuwerben und die so entstehende Cultural Diversity zu managen.

Firmenmergers bringen eine weitere Dimension von Diversity – aufeinander treffende Unternehmenskulturen – hervor. Hinzu kommen z. B. die steigende Erwerbstätigkeit und das gestiegene Qualifikationsniveau der Frauen als Humanressource und der wachsende Anteil älterer Arbeitnehmer. Schon 2003 wird es mehr vierzig- bis sechzigjährige Arbeitnehmer geben als zwanzig- bis vierzigjährige. Demnach besteht ein Bedarf, den zuerst die großen, global aktiven Unternehmen akzeptieren, die existierende Vielfältigkeit und die potenziellen Gemeinsamkeiten wahrzunehmen, zu verstehen, wertzuschätzen und optimal zu managen. Wobei die effektive Nutzung von Diversity in der Belegschaft mit minimalen Reibungsverlusten hier als Zielgröße gilt.

Diversity ist eine Ressource, die der Organisation zur Erzielung von Effektivitätsvorteilen zur Verfügung steht, wenn sie entsprechend wahrgenommen und eingesetzt wird. Andernfalls erhöht Diversity das Konfliktpotenzial in der Organisation. Die Kunst ist, eine Balance zu finden zwischen dem Grad an Heterogenität der Mitarbeiterschaft und der organisationalen Einheit. Das gelingt, wenn eine einheitliche Sprache und Übereinstimmung in den Werten gegeben sind bzw. wenn (Bedeutungs-)Unterschiede bewusst und akzeptierend zugelassen sind.[34]

## Was sind Risiken von Diversity und wie können sie vermieden werden?

Verschiedenheit zu ertragen und auszuhalten ist anstrengend, zwingt es doch immer wieder zur Selbstdistanzierung, Relativierung und Toleranz. Eher negative Folgen von Diversity sind daher auch[35]

- geringe affektive Bindung, denn vermeintliche Ähnlichkeit fördert gegenseitige Sympathie, wahrgenommene oder zugeschriebene Verschiedenheit erschwert sie,
- Verständnis- und Kommunikationsschwierigkeiten, daher die Tendenz, Diversity auf Sprach- oder Kommunikationstrainings (inklusive nonverbale Kommunikation als Verhalten in einer fremden Kultur) zu reduzieren,
- unterschiedliche Zielvorstellungen, unterschiedlich interpretierte Ziele,
- Homogenitätsbestrebungen als Reaktion auf Vielfalt: Der Trend zur Einheit und Gruppennorm setzt sich durch, Gruppendruck hemmt die Effektivität und Kreativität.

Es ist offensichtlich, dass diese Effekte, wenn sie nicht bewusst bearbeitet werden, einen Nährboden für Konflikte mit weiteren negativen Folgen abgeben können. Diversity ist also nicht per se positiv oder negativ. Diversity ist als Ressource vorhanden und je nach Aufgabenstellung, Situation und Ziel eher funktional oder eher dysfunktional, muss also entsprechend eingesetzt, gestaltet und gesteuert werden.

---

[34] Wagner/Sepehri Personal H.9 2000, 458 ff.

[35] Vgl. Stumpf/Thomas 5/99, 39

Erfolgsfaktoren für eine effektive Zusammenarbeit in heterogenen Gruppen sind[36]

- Aufgabenanalyse vor Zusammenstellung einer Gruppe: Wie viel, welche Diversity ist aufgabenadäquat?
- Adäquate Zusammenstellung der Gruppe: Wer soll ins Team?
- Vorbereitende Personalentwicklungsmaßnahmen: Teambildungsprozess, in dem an der Integration der Gruppe gearbeitet wird, gemeinsame Spielregeln erstellt und Rollenverständnisse thematisiert werden.
- Fähige Gruppenleitung: Sensibilität und Achtsamkeit gegenüber den verschiedenen Gruppenmitgliedern, Fähigkeit zur Steuerung von Gruppenprozessen, zur Beteiligung aller, zur Integration abweichender Meinungen, Konfliktkompetenz, (s. die konfliktfähige Persönlichkeit), Kenntnis von Arbeitstechniken zur effizienten und zielorientierten Gesprächsleitung.
- Kommunikationsfähigkeit der Gruppe, u. a. das Sprechen einer gemeinsam vereinbarten Sprache, Offenheit, Fähigkeit zum Annehmen und kultursensiblen Geben von Feedback usw.

## Welche Schritte führen zur Entfaltung von Diversity?

Wir haben Diversity bisher als Ressource bezeichnet, die bereits vorfindbar ist, wenn man aufmerksam in bestehende Organisationen blickt. Diversity gilt darüber hinaus als ganzheitlich, offenes und integratives Managementkonzept. Es verfolgt das Ziel, (transkulturelle) Organisationen zu entwickeln, so dass Mitglieder aller sozio-kulturellen Herkünfte ihr Potenzial entwickeln und zum Unternehmenserfolg beitragen können. Dabei geht es um die Planung und Implementierung organisatorischer Systeme und Führungspraktiken[37]. Diversity-Management be-

---

[36] Nach Stumpf/Thomas 5/99, 42 und eigene Ergänzungen

[37] Vgl. Wagner/Sepehri Personal H.9/2000

deutet, Unternehmensstrukturen und -kulturen zu entwickeln, die für alle Vorteile bringen. Hier einige Bausteine als Schritte auf dem Weg:

- Wie bei Organisationsentwicklung üblich, muss Diversity vom Management gewollt sein und top-down eingeführt werden. Hierzulande finden man oft die Situation vor, dass Diversity den deutschen Firmenteilen von den Mutterzentralen im Ausland, vornehmlich den USA, vorgeschrieben wird, denn in Deutschland ist ein Diversity-Bewusstsein bei Führungskräften noch wenig ausgeprägt.
- Der Prozess muss kaskadenartig bis auf alle Ebenen der Organisation fortgesetzt, alle Bereiche müssen von entsprechenden Aktivitäten erfasst werden. Zum Beispiel ist das im Rahmen eines Zielvereinbarungssystems und umfassenden Konfliktmanagementsystems gewährleistbar.
- Zielvereinbarungen, Diversity-Leitlinien und –Führungsgrundsätze sind Symbole und Zeichen, an denen man sich orientiert. Es bedarf solcher unmissverständlicher Zeichen, schlimmstenfalls sogar Quotenregelungen oder Gesetze, um allen deutlich zu machen, dass Diversity in der Organisation/Gesellschaft einen Wert darstellt und gewollt ist.
- Das Managing Diversity ist darüber hinaus Bestandteil der Personalentwicklung, die Potenzialförderung umsetzt. Individuelle Karrierewege sind möglich, spezifische Maßnahmen für bestimmte Gruppen oder Einzelpersonen. Als Beispiel nennen wir double career couples, alleinerziehende Mütter oder Väter oder Mitarbeiter/Mitarbeiterinnen aus dem Ausland. Es liegt auf der Hand, dass für diese und weitere Gruppen spezifische und nicht auf alle übertragbare PE-Maßnahmen erforderlich sind.
- Diversity geht bis auf die Ebene der Arbeitsplatzgestaltung und der Arbeitszeitregelungen. Auch hier sind individuelle Regelungen gefragt. Wie verschieden die Maßnahmenpalette sein kann, wird deutlich, wenn man z. B. die Bedürfnislage gehandicapter Mitarbeiter und von Mitarbeitern mit Familie oder Menschen im Übergang zum Ruhestand oder Trainees vergleicht.

- Erforderlich ist eine intensive Kommunikation über Diversity und Maßnahmen, herstellbar über Workshoptage, Kampagnen und das Engagement der Führungskräfte als Vorbilder und Coaches.
- Bestandteile von Diversityprogrammen sind Trainings, in denen u. a. Sensibilität, Achtsamkeit, Selbstreflexivität und kommunikative Kompetenz geschult werden.
- Diversity bedarf eines Abbildes im Management. Demnach ist es kontraproduktiv, dass deutsche Führungskräfte mit absoluter Mehrheit sich aus weißen deutschen Männern mittleren Alters rekrutieren, denn so fehlt es in den Topetagen an Bewusstheit über Diversity und interkultureller Kompetenz.
- Diversity als Bestandteil des Managementprozesses bedarf des Controllings.

Ein häufiger Fehler bei der Umsetzung von Diversity in der Organisation ist, dass das Konzept nicht ganzheitlich und umfassend umgesetzt wird. Oft bleibt es auf den reinen Trainingsaspekt beschränkt. Ein oder zwei Diversity-Trainings sollen reichen, um ein entsprechendes Bewusstsein zu erzeugen. Nicht mitreflektiert wird, dass sich auch an den Strukturen etwas ändern müsste, beispielsweise an den Aufstiegswegen in Führungspositionen, den Möglichkeiten zur beruflichen Weiterentwicklung oder der Arbeitsplatzgestaltung. Diversity ist nicht bloß ein Projekt der Personalentwicklung, sondern geht alle Teile der Organisation an und sollte daher auf allen Ebenen der Unternehmung präsent, lebbar und erfahrbar sein, auch und gerade im Konfliktmanagement.

## Was ist Diversity-Kompetenz?

Neben einem Verständnis von Diversity als Ressource und Managementkonzept gilt Diversity als Kommunikationskonzept. Es geht dabei darum, kommunikative Kompetenzen zu entwickeln. Stichworte sind zum Beispiel interkulturelle Kommunikation oder gendersensible

Kommunikation[38]. Letzteres spielt allerdings höchstens bei Gleichstellungsbeauftragten des Öffentlichen Dienstes eine Rolle. Wenn von interkultureller Kompetenz die Rede ist, geht es meistens um Aspekte wie Sprache, Werte, Orientierungen und Verhalten im Ausland bzw. mit Ausländern. Hierzu ein Beispiel:

*Bei einem Schiffsunglück bringt der Kapitän die Passagiere in kürzester Zeit dazu, mit Schwimmwesten von Bord zu springen. Seinem erstaunten Offizier erklärt er sein Erfolgsrezept: „Den Engländern habe ich gesagt, es sei unsportlich, nicht zu springen, den Franzosen, es sei schick, den Deutschen, dies sei ein Befehl, den Japanern, es sei gut für die Potenz, den Amerikanern, sie seien versichert, und den Italienern, dass es verboten sei.“*[39]

Zweifellos ermöglicht eine so verstandene interkulturelle Kompetenz ein effektives Führungshandeln und mag Methodenkonflikte vermeiden helfen. Diversity-Kompetenz geht jedoch tiefer, denn es schließt das Reflektieren der eigenen Prägungen, Werte, Gewohnheiten, Normen usw. ein und überprüft all das auf seine Funktionalität im aktuellen Kontext. Zugleich bemüht sie sich um ein Verständnis für die Sichtweisen und Prägungen des anderen, ohne vorschnell zu werten oder gar abzuwerten. Diversity-Kompetenz bewährt sich in alltäglichen Situationen. Hierzu einige realistische Beispiele[40]:

*1. Sie leiten ein Fastfood-Restaurant. Ihre Belegschaft besteht fast ausschließlich aus jungen Leuten. Vor kurzem stellten Sie nun zwei ältere Arbeitnehmer ein, die für die Bestellaufnahme zuständig sind. Bald darauf kommen Ihnen Ge-*

---

[38] Gender meint im Unterschied zu Sex das soziale Geschlecht eines Menschen, also das Mann- oder Frausein, das durch Erziehung, Kultur und Gesellschaft geprägt ist, das Wahrnehmen der Rolle als Mann oder Frau in einer Gesellschaft. Genders sensibles Kommunizieren nimmt Rücksicht auf Diskriminierungen durch Sprache und berücksichtigt Macht- und Ohnmachtserfahrungen im Geschlechterverhältnis einer Gesellschaft. Hierzu werden sog. Gendertrainings angeboten.

[39] Weibler 2001, 32

[40] Entnommen aus Thomas 2001, 15 ff., Persönlicher Diversity-Reife-Index (PDRI)-Einstufungstest

*rüchte zu Ohren, dass die jüngeren Arbeitnehmer sich beklagten, bei den älteren würden Bestellaufnahme und Zubereitung viel länger dauern, da sie ständig mit den Gästen schwätzten und außerdem mit dem computergestützten Bestellaufnahmesystem nicht zurechtkommen würden. Was tun Sie?*

*2. Sie arbeiten in der Forschungs- und Entwicklungsabteilung in einem Industriebetrieb. Ständig sitzen Ihnen die Leute aus der Verkaufsabteilung im Nacken und wollen wissen, wann sie endlich das „neue, verbesserte" Produkt auf den Markt bringen können. Außerdem werfen Sie den Mitarbeitern der Forschungs- und Entwicklungsabteilung vor, diese würden nur den Wissenschaftler heraushängen, aber das wirklich Wichtige, nämlich den Hauptgeschäftsbereich der Firma, hätten sie aus den Augen verloren. Was tun Sie?*

*3. Ihre Firma expandierte vor kurzem nach Übersee. Als Leiterin vor Ort des für ein südamerikanisches Land zuständigen Teams haben Sie eine Frau bestimmt. Nun kommt Ihnen zu Ohren, dass Ihr dortiger Hauptkunde große Probleme damit hat, eine Frau als Hauptansprechpartner bei dieser Unternehmung zu akzeptieren. Was tun Sie?*

- Wie würden sich Ihre Entscheidungen/Ihr Vorgehen jeweils verändern, wenn Sie selbst älter bzw. jünger wären, Mann oder Frau?
- Welche Bedeutung hätte es, ob in Ihrem Unternehmen Diversity-Grundsätze gelebt würden bzw. entsprechende Ziele vereinbart wären?
- Welchen Stellenwert hätte ein Konfliktmanagementsystem für Ihr Vorgehen, in dessen Rahmen Sie z. B. Konfliktmoderation oder Mediation in Anspruch nehmen könnten?
- Auf welche Hilfen und Unterstützungen wären Sie angewiesen?
- Inwieweit hilft Ihnen interkulturelle Kompetenz?

Sie sehen, dass die Entwicklung von Diversity-Kompetenz durch bestimmte Rahmenbedingungen, zum Beispiel eine entsprechende Unternehmenskultur, gefördert werden kann. Die Beispiele verdeutlichen ebenfalls, dass Diversity-Kompetenz das überschreitet, was wir normalerweise unter interkultureller Kompetenz, der Fähigkeit, sich in einer anderen Kultur angemessen zu verhalten, verstehen. Auch das Verständnis für die Geschlechterthematik hilft allein nicht weiter. Alles das sind notwendige, aber nicht ausreichende Fähigkeiten für ein Diversity-

Management. Neben allgemeinen Managementfähigkeiten umfasst Diversity-Kompetenz vor allem

- die Fähigkeit, Unterschiede wahrzunehmen, auszuhalten und zu kommunizieren,
- die Fähigkeit, mit Unterschieden konstruktiv umgehen zu können,
- die Fähigkeit, potenzielle Gemeinsamkeiten herauszuarbeiten und zu kommunizieren,
- die Fähigkeit, eigene Einstellungen zu hinterfragen und situationsangemessen zu relativieren,
- das Bemühen, die Sichtweisen anderer vor einem anderen Diversity-Hintergrund nachzuvollziehen,
- Verzerrungen der Kommunikation durch Hierarchieverständnisse, Macht, Machtdistanz wahrzunehmen und damit konstruktiv umgehen zu können,
- Sensibilität für die Gender-Thematik,
- Sensibilität gegenüber Diskriminierungen und Ausgrenzungen,
- Neugier auf andere Verhaltensmöglichkeiten, Offenheit,
- Fairness in der Gestaltung der Kommunikation,
- Toleranz,
- Geduld,
- kommunikative Fähigkeiten, insbesondere die Fähigkeit zu aktivem Zuhören, Moderation und Mediation, Feedback,
- Konfliktfähigkeit.

## Diversity-Reife[41]

Individuen mit hoher Diversity-Reife verhalten sich folgendermaßen:

- Sie akzeptieren persönliche Verantwortung im Hinblick auf die Steigerung ihrer eigenen Effektivität und der ihrer Organisation.
- Sie demonstrieren situatives Verständnis. Das heißt, sie kennen sich und ihre Organisation und sie verstehen die wichtigsten Konzeptionen und Definitionen von Diversity.

---

[41] Thomas 2001, 35

- Sie sind sich über die Voraussetzungen im Klaren und richten sich in ihren Entscheidungen über die Ein- bzw. Nichteingliederung von Unterschieden danach, inwieweit diese dazu beitragen können, den unternehmerischen Erfordernissen gerecht zu werden.
- Sie wissen, dass Diversity mit Komplexität und Spannungen einhergeht, und sie sind darauf vorbereitet, diese zu meistern, um so größere Diversity-Effektivität zu erlangen.
- Sie sind bereit, konventionelle Weisheiten infrage zu stellen.
- Sie lassen sich auf kontinuierliches Lernen ein.

Wenn Sie beginnen, sich mit Diversity zu beschäftigen, ziehen Sie einmal Bilanz[42]:

### Persönliche Fragen

1. Fällt es mir leicht, mit Menschen aus allen demografischen Gruppen zusammenzuarbeiten?
2. Gibt es eine oder mehrere Gruppen, mit denen mir die Zusammenarbeit schwer fällt?
3. Wenn ja, wie habe ich bisher versucht, meine Vorurteile zu überwinden?
4. Inwieweit kann die Tatsache, dass es mir leicht bzw. schwer fällt, mit anders gearteten Leuten zusammenzuarbeiten, mein Fortkommen an meinem jetzigen Arbeitsplatz beeinträchtigen?
5. Schätze ich Diversity?
6. Wenn ja, welcher Art, welchen Umfangs?

### Organisationsrelevante Fragen

1. Brauchen wir in unserer Organisation oder Situation Diversity?
2. Wenn ja, welcher Art?
3. Wenn ja, in welchem Umfang?

---

[42] Fragen s. Thomas 2001, 37 f., eigene Ergänzungen

4. Wo existiert bereits Diversity in unserer Organisation bzw. im Hinblick auf welche Dimensionen/Merkmale?
5. Wie sind wir bisher mit Verschiedenheit umgegangen?
6. Wo gibt es, wann gibt es Erfahrungen mit Ausgrenzung, Diskriminierung, Mobbing?
7. Welche Erfahrungen mit Verschiedenheit sind vorbildlich gemeistert worden?
8. Was können wir daraus lernen?

Diversity-Kompetenz kann zu einem Teil in Trainings erlernt werden, wenn sie die folgenden Ebenen ganzheitlich ansprechen:

- Kognitives Lernen: Informationen über Erfordernisse von Diversity, Hintergründe und Rahmenbedingungen, über Diversity-Konzepte, Erfahrungen, best practices u. a.
- Awareness-Training: Schulung von Aufmerksamkeit und Achtsamkeit gegenüber Unterschieden und Gemeinsamkeiten und den diskriminierenden oder fördernden Umgang damit.
- Skilltraining: Kommunikation, Führung, Moderation zur Entwicklung von Diversity.
- Problemlösen: Umsetzen von Diversity-Ansätzen in der Organisation bzw. Gruppe, Handlungsorientierung und Planung weiterer Umsetzungsschritte[43].

Eine besondere Rolle zur Entfaltung bzw. Unterdrückung von Diversity spielt die Organisationskultur. Größere Unternehmen haben daher Diversity-Grundsätze in ihren Unternehmensleitbildern veröffentlicht. Eine offene Haltung gegenüber Diversity hängt unserer Meinung nach mit einer unverkrampfteren Haltung gegenüber Konflikten zusammen. Verschiedenheit, Abweichung, Konflikte gelten dann eher als normal verglichen mit einer Leitkultur, die sich an starren, einheitlichen Standards orientiert, so dass Abweichungen, Auseinandersetzungen und Konflikte von den Mitgliedern als Bedrohung empfunden werden. Leider sieht die Realität oft noch anders aus.

---

[43] Weitere Informationen im Anhang

# Spielregeln der Kommunikationskultur

Die Kultur Ihrer Organisation trägt dazu bei, in welcher Weise Konflikte wahrgenommen, thematisiert und bearbeitet werden. Oft sind die geheimen Spielregeln wichtiger als die offiziellen Regelungen. Die offiziellen Leitlinien sprechen heute vielfach von kooperativ-situativer Führung, Mitarbeiterorientierung, Transparenz und Partizipation. Doch die tatsächliche Unternehmenskultur mit ihren gewachsenen Strukturen, abgesteckten Territorien und traditionellen Spielregeln steht dem oft entgegen.

## Geheime Spielregeln

Folgende geheime Spielregeln[44] sind in den meisten Unternehmen verbreitet. Prüfen Sie kritisch, welche auch für Sie gelten und ob Sie diese Regeln beibehalten wollen.

- Behalte brisante Informationen für dich. Sie garantieren dir Geheimwissen. Du kannst dann gut im Intrigenspiel mitmachen.
- Jeder Gleichgestellte bzw. jeder Nachrückende ist ein potenzieller Gegner. Erkenne seine Schwachpunkte.
- Vermeide Kompetenzverlust durch Delegieren. Delegiere nur, was Zeit raubt und für den anderen keinen Leistungsnachweis darstellt.
- Entscheidend ist immer das fachliche Know-how. In deinem Fach, in deinem Spezialgebiet musst du vorankommen. Führungsqualitäten sind nur sekundär.
- Weide dich am Fehler des anderen. Übertreibe ihn. Wenn bei dir selbst was schief läuft, versuche sofort zu begründen und den Sündenbock außerhalb zu suchen.
- Letztlich entscheidet immer der kompetente und durchsetzungsfähige Einzelne. Gruppenentscheidungen sind langwierig und unergiebig.

---

[44] Nach Altmann/Fiebiger/Müller 1999, 50

- Das persönliche Vorwärtskommen basiert darauf, dicke Bretter zu bohren. Suche dir rechtzeitig die richtigen Förderer. Es ist nur selten die Leistung, die zählt.
- Die offiziellen Unternehmensleitlinien sind eine Art Sonntagspredigt. Im internen Kreis sollten sie belächelt werden.
- Jedes Unternehmen ist ein Dschungel, in dem gilt: Es überleben nur die Stärksten.

Für die Lösung von zwischenmenschlichen Konflikten ist es oft nötig, Gefühle an- und auszusprechen. Aber gerade das ist nicht üblich. So bleiben die Betroffenen mit negativen Gefühlen wie Angst, Überlastung und Enttäuschung allein. Diese Stimmung vergiftet das Klima der Organisation und führt dazu, dass Mitarbeiter nicht mehr richtig kommunizieren, sich nicht mehr mit ihrer Arbeit identifizieren und zuletzt innerlich kündigen. Es bildet sich ein Muster der Kommunikation heraus, das geschlossen und defensiv ist.

## Kulturelle Kommunikationsmuster

Zunächst unterscheidet man zwischen verschlossenen und offenen Kommunikationsmustern:

KOMMUNIKATIONSMUSTER[45]

| VERSCHLOSSEN | | OFFEN |
|---|---|---|
| Kritisieren, vergleichen, manchmal loben | ↔ | Feedback geben und nehmen |
| Kontrollieren | ↔ | Vertrauen schenken |
| Den andern verändern wollen | ↔ | Eine gemeinsame Lösung anstreben |
| Manipulieren und taktieren | ↔ | Die eigenen Ziele und Pläne offen kommunizieren |

[45] Nach Berkel 1997, 89

| | | |
|---|---|---|
| Die eigenen Ziele verdeckt halten | ↔ | Sich mit den Zielen der anderen befassen, sie zu verstehen versuchen |
| Den anderen für die eigenen Ziele funktionalisieren | ↔ | Fähig zu partnerschaftlichem Handeln sein |
| Festgelegte Meinungen haben, wenig offen gegenüber Neuem sein | ↔ | Fragende Haltung einnehmen, Experimentierfreude zeigen |
| Sich unangreifbar machen | ↔ | Sich selbst infrage stellen können |

Die Ausprägung bestimmter Grundthemen in zwischenmenschlichen Beziehungen und Gruppen ergibt den Rahmen für verschiedene Organisationskulturen:[46]

### „Das Sanatorium …"

Spielregeln haben den heimlichen Sinn, Ängste zu regulieren. Alles, was Angst verursachen könnte, wird abgewehrt. Hier einige Beispiele:

- Das Management filtert alle unangenehmen Informationen; es sollen nur positive, optimistische Meldungen verbreitet werden.
- Nur die sichersten, risikolosesten Projekte werden akzeptiert.
- Neue Mitarbeiter werden nach dem Kriterium „Friedfertigkeit" eingestellt.
- Arbeitsgruppen werden so zusammengesetzt, dass es möglichst nicht zu Konflikten kommt.
- Im Umgang miteinander wird großer Wert auf Wohlwollen, Verständnis und Freundlichkeit gelegt. Dagegen besteht große Unsicherheit im Umgang mit Kritik.
- Die Existenz von Konflikten widerspricht dem Bild von einer gemeinschaftlichen Mitarbeiterschaft.
- Konflikte werden gerne verleugnet.

---

[46] Darstellung in Glasl 1992, 171 ff. Die Modelle gehen auf den Psychiater Horst-Eberhard Richter zurück.

- Es gibt keine etablierten Instanzen oder Instrumente zur Konfliktregelung.

### „Die Festung“

Maßgebliche Personen, wie Führungskräfte, Meinungsmacher und Repräsentanten, fühlen sich ständig von der Außenwelt angegriffen. Sie empfinden die Umgebung als unehrlich, gefährlich und aggressiv. Die Mitglieder schotten sich nach außen ab.

- Kritiker werden systematisch „vor die Tür gesetzt“.
- Es gibt Mitglieder, die die Rollen von „Zensoren“ oder „Wächtern“ erfüllen.
- Misstrauen ist weit verbreitet.
- Es kursieren Legenden und Mythen über die feindliche Außenwelt.
- Es werden Geschichten über Mitarbeiter verbreitet, die Führungskräfte mit abweichenden Meinungen konfrontiert haben und gescheitert sind.
- Die Mitarbeiter werden streng kontrolliert, sie können ihre Arbeit kaum selbst gestalten.

### „Das Theater”

Der äußere Eindruck spielt hier immer eine große Rolle. Die Mitglieder der Organisation präsentieren sich voreinander und für die Außenwelt wie in einer Show. Sie brauchen Bestätigung, Lob, Applaus. Nach innen betrachten sie sich als kreative Gemeinschaft, in der immer etwas los ist. Kennzeichen einer solchen Kultur sind:

- Man ist immer auf der Suche nach Bestätigung der eigenen Originalität und Einmaligkeit.
- Aktivismus wird groß geschrieben.
- Nervenkitzel, Sensationen und Spannungsreichtum regen die Atmosphäre an.
- Die spannungsreiche Dramatik und Atmosphäre, die gerne gewählt werden, machen den Eindruck, dass Konflikte direkt und offen ausagiert werden. Doch gerade in dieser Atmosphäre kommen tiefer liegende Konflikte nicht zur Sprache. Konflikte führen auch zu Verletzungen und Kränkungen; damit ist aber keine Show zu machen.

- Die Mitglieder unterliegen einem Zwang zum Positiven, Aufregenden, Kreativen. Sie sind immer „gut drauf". Negative Empfindungen haben hier wenig Platz.

Selbstverständlich sind weitere, ganz andere Kulturformen als der hier erwähnten und unterschiedliche Ausprägungen denkbar. Je nachdem, zu welchem Typus eine Organisation neigt, werden ihre Mitglieder in anderer Weise mit Konflikten umgehen. Die Kultur entscheidet mit, welche Konflikte überhaupt wahrgenommen werden, welche Bearbeitungswege zulässig und akzeptiert sind und welche Lösungen zugelassen werden.

## Fragen zur Konfliktkultur

- Findet sich eine offene Gesprächskultur, in der direkte Kommunikation üblich ist?
- Handeln die Führungspersonen als kommunikative Vorbilder?
- Ist konstruktives Feedback möglich und erwünscht, sowohl in der Aufwärts- als auch Abwärtskommunikation zwischen Führungsperson und Mitarbeiter?
- Erfolgt dieses Feedback regelmäßig, z.B. nach Projektsitzungen, Meetings, Vier-Augen-Gesprächen, Mitarbeiterzielvereinbarungen etc.?
- Wie gehen die Beteiligten mit non-konformen Ansichten um? Sind diese zugelassen oder nicht erwünscht?
- Finden Nachbetrachtungen bisheriger Handlungsweisen statt, z.B. um aus Fehlschlägen zu lernen?
- Wie sieht ein Unterstützungssystem, z.B. in der Coach- oder Supervisoren-Funktion aus? Können interne oder externe Personen zur Unterstützung angefragt werden?
- Wie sieht das Fehlermanagement aus? Wird Offenheit in dieser Hinsicht durch Sanktionen eingeschränkt? Erfolgt die Kommunikation über Fehler zeitnah? Gelten Fehler als selbstverständlich?

- Findet sich eine sog. „open-door-policy", d.h. sind Führungskräfte offen für Gespräche mit ihren Mitarbeitern? Gibt es hier Begrenzungen, die eine Kommunikation mit Vorgesetzten erschweren?
- Werden Konflikte negiert oder gelten sie als Normalität?
- Können Streitigkeiten offen ausgetragen werden?
- Bekennen sich Führungskräfte auch als „Streitschlichter", vor allem in letzter Instanz, wenn eine Klärung zwischen den Konfliktparteien nicht mehr möglich erscheint? Stehen sie dann zu ihren Entscheidungen?

# Wie beugen Sie Organisationskonflikten vor?

Prüfen Sie, wie Sie zu den folgenden Aussagen stehen[47]:

- Konflikte fördern Innovation.
- Konflikte führen zu Selbsterkenntnissen.
- Konflikte bearbeiten Unterschiede und festigen Gruppen.
- Konflikte stimulieren Kreativität.
- Konflikte lösen Veränderungen aus oder festigen das Bestehende.
- Konflikte regen Interesse an.
- Konflikte verhindern Stagnationen.
- Konflikte weisen auf Probleme hin.
- Konflikte erfordern Kommunikation.
- Konflikte verlangen nach Lösungen.

## Sinn und Funktion von Konflikten

Wie stehen Sie zu diesen Thesen? Alle benennen positive Funktionen von Konflikten. Hier wird vom Konflikt als einer schöpferischen Kraft ausgegangen. Das im Konflikt liegende Energiepotenzial fördert sozialen Wandel und Fortschritt. Andererseits, wenn die Träger neuer Ideen

---

[47] Vgl. Beck/Schwarz 1995, 26

als „Sündenböcke" ausgegrenzt werden, stabilisieren Konflikte das Bestehende auch. Jede Konfliktregulierung trägt dazu bei, den Zusammenhalt einer Gruppe zu festigen, – vielleicht sogar einer Gruppe, die durch den Konflikt neu entstandenen ist. Konflikte machen immer deutlich, dass es Probleme gibt, die bearbeitet werden wollen. Das regt das Interesse an, auch das von Unbeteiligten. Konflikte können sozial „ansteckend" sein, wenn ihre Dynamik der Eskalation immer mehr Personen erfasst. Konflikte lassen sich nur durch Kommunikation bearbeiten.

Den positiven Konsequenzen stehen ebenfalls negative Auswirkungen gegenüber. So führen Konflikte auch zu:

- Persönlicher Verunsicherung und Orientierungslosigkeit,
- negativem Betriebsklima,
- Stress und psychischer Belastung der Betroffenen,
- Störungen im betrieblichen Ablaufprozess,
- Ressourcenverschwendung,
- veränderter Wahrnehmung der Realität,
- höhere Empfindsamkeit, Emotionalisierung auf Kosten von Sachlichkeit und Vernunft.
- Positive und negative Folgen von Konflikten auszubalancieren ist Aufgabe des Konfliktmanagements. Dazu gehören sowohl vorbeugende und strukturelle Maßnahmen als auch Maßnahmen, die den Konflikte und die Interaktion der Beteiligten steuern sowie die Zusammenarbeit nach dem Ausbruch des Konflikts regeln.

## Prävention

Konflikte werden sich nicht immer vermeiden lassen und sollten es auch nicht. Doch können Sie bei der Gestaltung von Aufgaben und Abläufen, bei der Art der Kommunikation und der Zusammensetzung von Teams einiges berücksichtigen, um das Entstehen von Konflikten schon im Vorfeld zu erschweren. Auf diese Weise beeinflussen Sie das Konfliktpotenzial.

## Maßnahmen zur Vorbeugung von Konflikten[48]

- Vermeiden Sie Zielkonflikte, indem Sie klare Zielvereinbarungen treffen und Vorgaben machen[49].
- Beteiligen Sie Ihre Mitarbeiter und Mitarbeiterinnen so weit wie möglich an der Entscheidung.
- Verringern Sie die Abhängigkeiten der Mitarbeiter und Mitarbeiterinnen von Vorgesetzten.
- Weiten Sie den individuellen Handlungsspielraum der Mitarbeiter aus.
- Verbessern Sie den Informationsfluss.
- Berücksichtigen Sie bei der Personalauswahl die Konfliktkompetenz und die Persönlichkeit bezüglich der Unternehmenskultur. Bauen Sie Hierarchien und Machtstrukturen ab.
- Vermeiden Sie Verteilungskonflikte.
- Schaffen Sie Aufstiegs- und Karrierechancen bzw. Chancen zur fachlichen und persönlichen Weiterentwicklung.
- Trainieren Sie Fach- und Sozialkompetenz.

Präventiv wirkt in jedem Fall, wenn Sie sich in klassischen Führungsaufgaben engagieren:

- Klares und stimmiges Engagement für das Erreichen vereinbarter Ziele,

---

[48] Nach Beck/Schwarz 1995, 102

[49] Anm. d. Autoren: Es ist ratsam, Ziele in einem Kaskadenmodell aus Unternehmenszielen abzuleiten. So gibt es z. B. Vorstands- und Bereichsvorstandsziele, Bereichs- oder Abteilungsziele, Mitarbeiterziele und Teamziele. Diese Ziele werden unternehmensweit in einem Zielprojektmanagement miteinander abgestimmt. Dies vermindert das Risiko, u. U. im Unternehmen sich gegenseitig behindernde Ziele zu vereinbaren.

- Mitarbeiterorientierung und Förderung des Zusammenhalts in der Arbeitsgruppe,
- Vorbildverhalten im Hinblick auf die Verbindlichkeit der Unternehmensziele.

Je nach Art des Konflikts gibt es unterschiedliche Möglichkeiten, diesem vorzubeugen. Im Folgenden stellen wir Ihnen eine Reihe von Präventionen vor.

### Ziel- oder Wertekonflikte

Die Parteien haben unterschiedliche Werte und Ziele.

*Der Betriebsrat will vor allem Arbeitsplätze sichern. Die Geschäftsleitung will dagegen Stellen abbauen.*

Die gegensätzlichen Ziele können ihre Ursachen in der Organisation und in den von ihr vorgegebenen Zielen haben. Sie können auch in den Betroffenen selbst begründet sein.

*Der Wunsch nach Zusammenarbeit bei einem Mitarbeiter entspricht nicht dem Wunsch eines anderen, möglichst alleine arbeiten zu können.*

Mögliche präventive Maßnahmen sind:

- Stimmen Sie die Rollen der Organisationseinheiten oder Mitglieder möglichst so aufeinander ab, dass sie keine unterschiedlichen Ziele verfolgen müssen. Das Hauptziel einer Partei kann dabei das Nebenziel einer anderen sein.
- Richten Sie das Belohnungssystem auf Kooperation aus. Der Einzelne soll nicht nur konkurrierende Interessen und individuelle Ziele verfolgen können.
- Achten Sie bei der Auswahl der Mitarbeiter darauf, dass sie zur Firmenphilosophie und –kultur passen.
- Verbindlichkeit bezogen auf Werte und Spielregeln aufstellen.
- Binden Sie Mitarbeiter in die Entwicklung gemeinsamer Zielperspektiven und deren Umsetzung ein.

### Methodenkonflikt

Sind sich Parteien uneinig, wie bei der Lösung eines Problems oder der Erfüllung einer Aufgabe vorgegangen werden soll, so spricht man von Methodenkonflikt. Dieser kann auf unterschiedlichen Erfahrungen in der Vergangenheit beruhen, auf einem unterschiedlichen Informationsstand oder der unterschiedlichen Beurteilung von Informationen. Es kann auch sein, dass das Problem oder Ziel von den Parteien ungleich wahrgenommen wird und sich daraus die unterschiedlichen Vorgehensweisen entwickelt haben.

*Bei der Entwicklung eines neuen Leitbilds setzt ein Teil der Steuergruppe aus Kostengründen auf ein Top-down-Vorgehen. Andere verfolgen aus Gründen der Identifikation mit dem neuen Leitbild eine Bottom-up-Strategie.*

Präventive Maßnahmen sind u. a.:

- Fördern Sie den Informationsfluss.
- Verändern Sie Entscheidungswege zu Gunsten einer größeren Partizipation der Mitarbeiter.
- Heben Sie das gemeinsame Ziel hervor und stecken Sie Rahmenbedingungen für die Zielerreichung ab.

### Verteilungskonflikt

Hier stehen die Parteien im Konflikt wegen der Verteilung von Ressourcen, z. B. Personal, Räumen, Budget. Der Grund ist oft, dass es keine allgemeinen Kriterien für die Zuweisung von knappen Gütern gibt.

*Es geht um einen Dienstwagen. Der eine Mitarbeiter hätte ihn auf Grund seiner Leistungen verdient. Eine Kollegin braucht ihn, weil sie Kundenkontakte hat. Und ein Dritter hat eine Führungsaufgabe übernommen und möchte einen repräsentativen Wagen.*

So vermeiden Sie diesen Konflikt:

- Formulieren Sie eindeutige und widerspruchsfreie Regeln. Dabei sollten Sie die Interessen aller Parteien in angemessener Weise berücksichtigen.

- Machen Sie die Regeln bekannt und überprüfen Sie sie in bestimmten Abständen, um einen möglichst breiten Konsens aufrechtzuerhalten.
- Setzen Sie Sanktionen durch: Das Befolgen der Regeln wird belohnt, Übertretungen werden bestraft.
- Regeln und binden Sie konkurrierende Interessen durch Spielregeln.

### Beziehungskonflikt

Jeder Mensch hat ein Bedürfnis nach positiven sozialen Beziehungen sowie nach Wertschätzung durch andere. Wenn diese Bedürfnisse nicht erfüllt werden, kann es zum Konflikt kommen. Beziehungskonflikte sind meistens mit sachlichen Problemen verquickt. Ein typischer Auslöser eines Konflikts dieser Art liegt vor, wenn die Kompetenz eines Mitarbeiters durch einen anderen scheinbar überschritten wurde.

*Die Geschäftsleitung führt ein neues Leitbild ein, ohne mit den Mitarbeitern darüber gesprochen zu haben. Die Mitarbeiter fühlen sich nicht ernst genommen.*

Diese Konflikte können Sie durch folgende Maßnahmen reduzieren:

- Legen Sie Kompetenzen ausdrücklich und klar fest.
- Bauen Sie eine Unternehmenskultur auf, die von Vertrauen und Kooperation geprägt ist.
- Greifen Sie Konflikte auf, sprechen Sie Konflikte an.
- Geben Sie Ihre Rückmeldungen über Leistungen einzelner, Ergebnisse und Verhalten zeitnah und begründen Sie diese sachlich.
- Regen Sie zur Kritik an.

### Rollenkonflikt

Er tritt insbesondere auf, wenn eine neue Aufgabe oder Position übernommen werden soll, ist in jeder Führungsrolle allerdings mehr oder weniger latent vorhanden (vgl. Kapitel „Was wird von einer Führungskraft erwartet?“). Die Erwartungen von Kollegen, Mitarbeitern und z. T. auch von Vorgesetzten sind zunächst noch unscharf. Was können Sie tun?

- Legen Sie Aufgaben und Kompetenzen klar fest.

- Fördern Sie die Rollenklärung und Standortbestimmung der Einzelnen und der Teams.
- Unterstützen Sie die Selbstreflexion, z. B. durch persönliches Coaching.
- Führen Sie Feedbackrunden in Gruppen und Teams ein, z. B. in Workshops zur Teamentwicklung.
- Führen Sie Mitarbeitergespräche.
- Trainieren Sie Ihre eigene Stresstoleranz.

### SACHKONFLIKT

Solche Konflikte entstehen, wenn Konfliktthemen und –ursachen unterschiedlich wahrgenommen und eingeschätzt werden. Um sie zu vermeiden,

- vereinbaren Sie klare und überprüfbare Ziele,
- wenn dies nicht möglich ist, stecken Sie Grenzen und Bewegungsspielräume verbindlich ab,
- führen Sie Besprechungen so, dass fachliche Kontroversen kreativ stimulieren und als bereichernd erlebt werden,
- verstärken Sie den Informationsaustausch horizontal und vertikal,
- legen Sie regelmäßige Treffen fest, in denen Probleme und Spannungen schon im Vorfeld entdeckt, geklärt und gemeinsam gelöst werden können[50].

## Trainings und Coaching

Konfliktfähigkeit kann im Rahmen von Maßnahmen zur Personalentwicklung trainiert werden. Im Einzelnen geht es um folgende Aspekte:

- Einüben von Techniken zur Teamentscheidung
- Schulung von Verfahren zur Problemlösung
- Trainieren von Verhandlungstechniken
- Einüben von Kommunikationstechniken, z. B. aktives Zuhören, sachgemäßes Ausdrücken von Gefühlen, Argumentieren u. a.
- Einführen der Moderation als konsensorientierte Arbeitstechnik

---

[50] Vgl. Berkel 1997, 75, 104 ff.

- Konfliktmoderation
- Trainieren konstruktiver Konfliktbearbeitung
- Einführung von Mitarbeitergesprächen
- Schulung von Moderatoren und Mediatoren
- Training zur Stresstoleranz

Die Organisationsmitglieder sollen auf diesem Wege ein offenes, problemlösendes Verhalten einüben. Es geht darum, im Unternehmen eine Feedback-Kultur, die auf Vertrauen basiert, zu etablieren.

*Ein Gebietsleiter aus dem Bankbereich ist unzufrieden mit den Leistungen seines Vermögensberaters. Der empfiehlt seiner gut betuchten Klientel primär Produkte, die das steueroptimierte Fondsgeschäft betreffen, wie Lebensversicherungen etc. Immobilien als Wertanlage spielen in seinem Beratungsportfolio eine weit untergeordnete Rolle, da er nach eigener Meinung „ein schlechtes Gefühl" dazu hat. Im Mitarbeitergespräch kommt es zum Konflikt. Der Gebietsleiter will den Mitarbeiter dazu bringen, Immobilien als Beratungsprodukt stärker zu berücksichtigen. Dies gelingt ihm oberflächlich und auch nur, weil er per Anweisung starken Druck ausübt. Demotiviert verlässt der Mitarbeiter das Gespräch.*

*Der Gebietsleiter ist ebenfalls unzufrieden mit dem Verlauf und wendet sich an einen externen Berater. Der Fall wird im Einzelgespräch aufgearbeitet. Es zeigt sich, dass das Verhalten des Gebietsleiters ebenfalls zu dem Desaster geführt hat, da ihm Sensitivität und Erfahrung in der Gesprächsführung fehlen, er eine falsche Fragetechnik hat und nicht weiß, wie er Ziele am besten vereinbart. Zusätzlich konnte er in seinem Führungsverhalten nicht flexibel genug zwischen Druck und Harmonie agieren. Nach Einzeltrainings, gekoppelt mit einem Training der späteren Realsituation (Rollenspiele und Videofeedback als Vorbereitung), begleitet der externe Berater beide Gesprächspartner bei ihrem nächsten Mitarbeitergespräch. Hier gelingt es dem Gebietsleiter, die ablehnende Haltung des Vermögensberaters stärker zu hinterfragen und mit den Zielen der Bank in besseren Einklang zu bringen. Sie einigen sich auf eine Probephase, die auf ein Quartal angelegt ist. In dieser Zeit soll der Vermögensberater verstärkt Immobilien in das Beratungsportfolio aufnehmen. Der Kompromiss sieht auch vor, dass der Vermögensberater eine intensive Produktschulung erhält, dass die Kommunikation zwischen den beiden Konfliktpartnern verstärkt wird und dass der Gebietsleiter die Rolle des Mentors in ausgewählten Beratungsgesprächen des Vermögensberaters übernimmt. Der Kompromiss stellt beide Seiten zufrieden, zumal das Erreichen der vereinbarten Ziele mit einem Bonus gekoppelt ist.*

## Partnering

Das Partnering[51] ist ein Verfahren des kooperativen Managements, bei dem mehrere Parteien für Synergie-Effekte genutzt werden. Im Zentrum steht eine gute persönliche Beziehung der Beteiligten mit dem Ziel

- Kommunikationsbeziehungen aufzubauen und aufrechtzuerhalten,
- Ziele für die Zusammenarbeit gemeinsam zu vereinbaren,
- Probleme, wenn sie auftauchen, gemeinsam zu lösen und hierfür Verfahren zu vereinbaren.

Beim Partnering geht es darum, langfristige kommunikative Beziehungen und Wege zur Konfliktbearbeitung aufzubauen. Schon im Vorfeld der Zusammenarbeit sollen mögliche Konflikte identifiziert und Verfahrenswege zur Lösung vereinbart werden. Entwickelt wurde das Verfahren in den USA, um die häufigen Konflikte zwischen Bauherren, Architekten, Unternehmern und Subunternehmern in Bauprojekten kostengünstig und effektiv zu lösen. Sobald ein Auftrag erteilt ist, wird zu diesem Zweck ein Partnering-Workshop durchgeführt. Ziel ist es, unterstützt durch externe Moderation, gemeinsam Bedingungen für eine erfolgreiche Zusammenarbeit zu erarbeiten und zu vereinbaren. Man untersucht die Ziele des gemeinsamen Projektes und ihre Abhängigkeiten voneinander. Dann wird ein System zur Vermeidung und Bearbeitung von Konflikten aufgebaut, ebenso ein Evaluationsverfahren, das die Erfolge des Projektes misst. Die Vereinbarungen werden in einer Partnering-Charta verbindlich gemacht.

Ein Partnering-Workshop verläuft nach den Regeln der Mediation, der kreativen Gruppenarbeit (Brainstorming) und der Moderation. Die Ba-

---

[51] Nach Altmann u. a. 1999

sis ist ein interessensorientierter Verhandlungsstil (IBN: Interest Based Negotiation).

Wenn Sie diese Art von Aktivitäten in Ihrem Unternehmen einführen, tragen Sie dazu bei, dass Konflikte weniger wahrscheinlich sind. Sie reduzieren so die negativen Folgen von Konflikten. Da Konflikte auch positive Funktionen haben, ist das aber nicht in jedem Fall wünschenswert. Ein gewisses Konfliktniveau erhöht das Leistungsvermögen Ihrer Organisation. Wann und wie sollten Konflikte stimuliert werden?

## Anregen von Konflikten[52]

Wenn Sie folgende Fragen überwiegend bejahen, ist es denkbar, Konflikte anzuregen:

### Konfliktinitiierung

- Finden Sie mir Ihren Projekten und Ideen überwiegend Einvernehmen oder Desinteresse?
- Registrieren Sie bei Ihren Mitarbeitern Angst, Fehler, Unkenntnis und mangelnde Selbstsicherheit zu zeigen?
- Ähnelt das Klima in Ihrer Organisation einem Kuraufenthalt, der eher auf Regeneration und Erholung gerichtet ist als auf Herausforderung?
- Gibt es erkennbare „Fettnäpfchen", und werden Tabuthemen vermieden?
- Sind die Entscheidungspersonen eher harmonieorientiert und kompromissbereit, als entscheidungs- und durchsetzungsorientiert?
- Stehen Gruppengefühl und Harmonie im Vordergrund?

[52] Vgl. Berkel 1997, 76 f.

- Verlaufen Entscheidungen eher harmonieorientiert, wird zu viel Rücksicht auf Gefühle anderer genommen?
- Wird Beliebtheit eher gefördert als Leistung und Kompetenz?
- Reagieren Mitarbeiter gegenüber Neuerungen mit erheblichem Widerstand?
- Entstehen keine innovativen Ideen mehr?
- Liegt die Personalfluktuation sehr niedrig im Vergleich zu Wettbewerbern?

Welche Maßnahmen sind für eine begrenzte Strategie der Eskalation empfehlenswert?

Möchten Sie einen Sachkonflikt erreichen, müssen Sie entsprechende, sachdienliche Ziele vereinbaren und deren Erreichung kontrollieren. Rufen Sie Gespräche zur Problemlösung ein. Verkürzen Sie Entscheidungswege und delegieren Sie die Entscheidungen nach unten. Haben Sie Mitarbeiter, die gern Lieblingstätigkeiten nachgehen? Dann übertragen Sie ihnen neue, herausfordernde und motivierende Aufgaben, so dass dafür keine Zeit mehr ist.

Beabsichtigen Sie eine Auseinandersetzung über Werte, sollten Sie auf die Vereinbarung gemeinsamer Werte drängen. Fordern Sie – z. B. in Mitarbeiter- oder Zielvereinbarungsgesprächen – Mitarbeiter auf, eigene Vorstellungen über ihre persönliche Entwicklung zu formulieren und den Zusammenhang zu den Zielen und Visionen des Unternehmens zu begründen. Dies funktioniert natürlich nur, wenn Sie Ihrer Aufgabe als Führungskraft zuvor nachgekommen sind und Ihre Mitarbeiter in die Unternehmensziele und –strategien eingeweiht haben bzw. deren Bedeutung für den Mitarbeiter verdeutlicht haben.

Sie stimulieren Beziehungskonflikte, wenn Sie vorher unabhängig arbeitende Mitarbeiter in einem Team zusammenfassen, Kritik offen ansprechen und latente sowie „kalte" Konflikte offensiv angehen.

Verteilungskonflikte können Sie hervorrufen, indem Sie die Ressourcen verknappen oder anders als üblich zuteilen.

Rollenkonflikte treten auf, wenn Sie sehr hohe oder widersprüchliche Erwartungen oder aber gar keine Erwartungen formulieren und keine Vorgaben machen. Bilden Sie Teams, schaffen Sie Abhängigkeiten zwischen Menschen, die zuvor nicht aufeinander angewiesen waren. Installieren Sie Feedbacks.

Wenn Sie diesen Weg der Konfliktstimulierung gehen wollen, so sollten Sie in den Strategien der Konfliktbewältigung bewandert sein. Sie können Konflikte nur als Chancen nutzen, wenn Sie es verstehen, sie konstruktiv zu bearbeiten. Werden Sie sich klar über Ihre Stärke. Haben Sie Kraft und Autorität, um einen stimulierten Konflikt zu managen? Gibt es Instanzen und Ressourcen, die zu Hilfe gezogen werden können? Konflikte sollten Sie nur stimulieren, wenn Sie andererseits auch über das Repertoire der Konfliktbewältigung verfügen. Ein Feuer darf nur der entfachen, der sich auch aufs Löschen versteht.

## Lösungsansätze, um Konflikte einzugrenzen

Um in Konflikte einzuschreiten, betrachten wir den Ablauf des Konflikts:

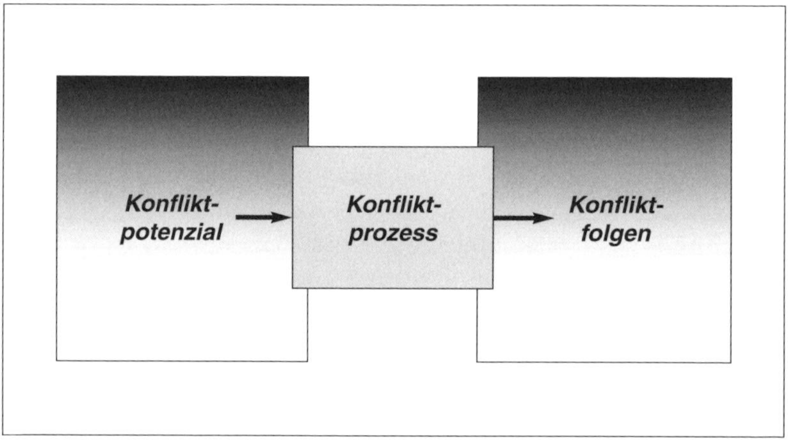


Abbildung 13: Entwicklungsmodell des Konflikts

- Phase I Konfliktpotenzial: Die konkurrierenden und kooperativen Interessen der Parteien, ihre persönlichen Eigenschaften und Voraussetzungen ebenso wie das Klima und die Kultur der Organisation sind Einflussfaktoren.
- Phase II Konfliktprozess: Er kann zwei Richtungen einnehmen: Eskalation und Deeskalation. Im Fall der Eskalation verläuft der Konflikt bis zur Vernichtung, wenn nicht Interventionen die Beteiligten daran hindern.
- Phase III Konfliktfolgen: Hier geht es um Verluste materieller und immaterieller Art. Ist eine angemessene Lösung verwirklicht? Wird der Konflikt zu einem anderen Zeitpunkt wieder aufleben? Haben die Beteiligten ihn verarbeiten können?

Die Maßnahmen des Konfliktmanagements werden danach unterschieden, an welcher Stelle des Konflikts sie ansetzen.

- Der Hauptansatzpunkt ist das Konfliktpotenzial: Die Ursachen des Konflikts sollen beseitigt werden (vgl. „Prävention" S. 119 ff.).
- Die Konfliktsteuerung setzt am Verlauf des Konflikts an.
- Konfliktkontrolle bezieht sich auf die Folgen des Konflikts: Negative Folgen sollen gemindert, positive verstärkt werden.

Wie können Sie nun in einen bereits offenen Konflikt eingreifen, was sind möglich Interventionen?

### SACHKONFLIKTE

Sie werden verursacht durch

- mangelhafte oder fehlende Informationen,
- differenzierte Beurteilung, was wichtig ist,
- unterschiedliche Dateninterpretation.

Sie können intervenieren, indem Sie

- sich über die Wichtigkeit der Daten verständigen,
- sich auf eine akzeptable Vorgehensweise einigen und Informationen offen austauschen,
- gemeinsame Kriterien der Datenbewertung entwickeln,
- unbeteiligte Dritte (auch von außen) hinzuziehen.

### Interessenkonflikte

Sie werden verursacht durch

- vermutete oder reale Konkurrenz,
- echte gegensätzliche Interessen,
- unterschiedliche Ansichten des Prozesses,
- individuelle Bedürfnisse.

Interessen sind kontextabhängig. Sie können sich je nach Situationserfordernis verändern.

Mögliche Interventionen sind Verhandlungen – nach dem Harvard-Konzept –, in denen auf die Sache Bezug genommen wird.

- Den Schwerpunkt auf Interessen, nicht auf Positionen richten.
- Nach objektiven Kriterien suchen.
- Lösungen entwickeln, die den Interessen aller Parteien entgegenkommen.
- Nach Wegen suchen, um die Optionen und Ressourcen zu erweitern.
- Tauschgeschäfte aushandeln, um Interessen unterschiedlicher Stärke zu befriedigen.

### Verteilungskonflikte

Entstehen durch

- Interaktionsmuster, die nicht auf Einvernehmen sondern Destruktivität gerichtet sind,
- ungleiche Ressourcen- oder Kontrollverteilung,
- Macht- und Autoritätsgefälle,
- Ressourcenmangel.

In diese Konflikte schreiten Sie ein, indem Sie

- Rollen und Aufgaben klarstellen oder verändern,
- destruktive Interaktionsmuster verändern, ersetzen, oder auch nicht zulassen,
- Ressourcen umverteilen und controllen,
- die Informationsgrundlage und Verfahrensweisen für Prozesse der Entscheidungsfindung klären,

- mehr Sachargumente als Überzeugungsdruck einsetzen,
- Zeit- und Umfeldressourcen (wie Nähe und Distanz) im Blick behalten.

### Beziehungskonflikte

Sie werden verursacht durch

- Kommunikationsprobleme,
- falsche oder unangemessene Beziehungsdeutungen mindestens einer Seite.

Sie können intervenieren, indem Sie

- intelligenten Umgang mit Gefühlen fördern: Negative Gefühle unter Kontrolle halten, z. B. durch Kommunikationsregeln und Vorgehensweise; das angemessene Ausdrücken von Gefühlen ermöglichen,
- Erwartungen aneinander klären,
- positive Wahrnehmungen stärken,
- Qualität und Quantität der Kommunikation kontinuierlich verbessern.

### Werte- und Zielkonflikte

Sie werden verursacht durch

- unterschiedliche Bewertungsgrundlagen von Ideen und Verhalten,
- divergierende Ziele und Werte,
- unterschiedliche Lebensstile, Ideologien und Religionen.

Diese Konflikte entschärfen Sie, indem Sie

- eine nicht-wertende Sprache benutzen,
- eine individuelle Beurteilung von Werten ermöglichen,
- nach übergeordneten Ziel- und Wertkategorien suchen, die möglichst viele teilen,
- Diversity als Ressource unterstützend kommunizieren.

# Wie führen Sie ein Konfliktmanagement-system ein?

Was halten Sie von folgendem Beispiel?

*In einem englischen Großbetrieb muss man bei der Anstellung folgende Klausel unterschreiben: Kann man einen Konflikt mit einem Kollegen oder Vorgesetzten nicht selbst lösen, dann ist man verpflichtet, zum gemeinsamen Vorgesetzten zu gehen (beim Konflikt mit dem Chef somit zu dessen Chef). Im Dreiecksverfahren wird die Angelegenheit dann diskutiert und der gemeinsame Vorgesetzte bemüht sich, einen guten Kompromiss zu finden. Glückt dieser Versuch nicht, geht man zur nächst höheren Etage. Hier ändert sich jedoch die Spielregel drastisch. Der „höhere" Chef darf die Kontrahenten nur allein anhören und er darf keinen Vergleich suchen, also auch keine eigenen Vorschläge vorbringen. Er muss sich entscheiden, einem der beiden Recht zu geben, und zwar zu hundert Prozent. Den Auskünften des Betriebs zufolge hat noch nie jemand einen Streit bis zu dieser Ebene durchgefochten. Das Risiko, zu verlieren, ist einfach zu groß.*[53]

## Geben Sie Konflikten eine Form!

Unter Konfliktbewältigung verstehen wir alle Konzeptionen und Methoden, die die Beteiligten selbst oder eine dritte Partei in einem Konflikt unternehmen, um angemessen erleben und zielorientiert handeln zu können.[54] Oft geht es dabei nicht um die eine richtige Lösung, sondern um Annäherungen an mögliche Lösungen. Nicht wer recht hat, ist wichtig, sondern es soll die für alle Beteiligten angemessenste Lösung gefunden werden.

In Organisationen ist das Ziel des Konfliktmanagements nicht immer die Konfliktvermeidung. Ziel ist es, die Rahmenbedingungen für die Zusammenarbeit so zu gestalten, dass die Konfliktsituation ein optima-

---

[53] Leymann 1993, 153

[54] Vgl. Berkel 1997, 62

les Konfliktpotenzial aufweist. Es geht um eine adäquate Mischung konkurrierender und kooperativer Interessen. Konflikte sollen nicht eliminiert werden, denn sie regen zu Kreativität an und führen zu Neuerungen. Vielmehr geht es um den konstruktiven Umgang mit Konflikten. Ein gewisses Konfliktpotenzial ist sogar wünschenswert. Wo es nicht vorhanden ist, sollte es stimuliert werden, um Stagnation zu vermeiden.

Untersuchungen zum Zusammenhang von Konfliktniveau und organisatorischer Effizienz ergeben, dass ein mittleres Konfliktniveau sich effizienzsteigernd auswirkt. Wenn dagegen zu viele oder gravierende Konflikte die Zusammenarbeit lähmen, kommt es ebenso zu einer geringeren Effizienz wie beim Fehlen jeglicher Konkurrenz und Spannung.

Konfliktmanagement ist in diesem Sinne ein Instrument des Organisierens, denn es setzt an den organisatorischen Rahmenbedingungen an. Es umfasst dabei:

- Das Festlegen von Entscheidungsbefugnissen: Welchen Entscheidungsspielraum hat ein Mitarbeiter?
- Das Festlegen von Weisungsbefugnissen: Wer hat wem etwas zu sagen?
- Das Vereinbaren/Festlegen von Verhaltensnormen: Welche Regeln haben Gültigkeit?
- Instrumente der Mitarbeitermotivation: Mitarbeiterführung, Führungsstil u. a.

Das Konfliktmanagement beeinflusst des Weiteren die Bereiche Arbeitsstrukturierung, Entlohnungssysteme sowie Personalentwicklung. Was spricht für die Einführung eines Konfliktmanagementsystems?

- Konflikte gelten als Normalität.
- Konflikte werden als der Organisation immanent wahrgenommen. Die übliche Orientierung auf ausschließlich persönliche Probleme der Betroffenen wird dadurch korrigiert.
- Verhalten und Strukturen, die verändert werden können.
- Das Konfliktpotenzial in bestimmten Situationen kann bearbeitet werden.
- Schnelles, professionelles Eingreifen ist möglich.
- Es wird möglich, Konflikte unmittelbar und schnell anzugehen.

- Ansprechpartner dafür sind allen bekannt.
- Externe Berater unterstützen die an der Konfliktlösung Beteiligten.
- Negative und kostspielige Folgen von Konflikten können vermieden werden.[55]

Um das Konfliktpotenzial einer Organisation zu ermitteln, fragen Sie nach folgenden Themen:

- Unternehmensidentität: Identifizieren sich die Mitarbeiter mit dem Unternehmen? Was sind die Leitsätze des Unternehmens?
- Strategie und Prozesse: Werden Leitsätze und Strategien von allen Führungskräften und Mitarbeitern akzeptiert und gelebt? Wie laufen Entscheidungsprozesse ab? Sind die Arbeitsabläufe an den Strukturen ausgerichtet? Wo gibt es Schwachstellen?
- Struktur: Wie ist die Aufbau- und Ablaufstruktur gestaltet? Welche Abhängigkeiten ergeben sich daraus?
- People Management: Mit Blick auf die Mitarbeiterorientierung ist von Interesse, wie Meinungen und Bedürfnisse zu realisieren sind. Wie kennzeichnet sich die Kommunikation? Gibt es eine hidden agenda (geheime Spielregeln)? Wie verlaufen soziale Interaktionen auf der formellen und informellen Beziehungsebene?
- Ressourcen: Welche materiellen, sozialen und ideellen Ressourcen gibt es?
- Lern- und Veränderungsfähigkeit: Welche Konfliktthemen ergeben sich aus Veränderungsprozessen? Wie gehen die Beteiligten damit um?

## Aufbau einer Konfliktkultur

Da Sie jetzt die in Ihrer Organisation wahrscheinlichen Ursachen für Konflikte analysiert haben, sollten Sie prüfen, wie mit diesen latenten

---

[55] Vgl. Altmann u. a. 1999, 242

Konfliktsituationen umgegangen wird. Dabei helfen Ihnen zunächst folgende Fragen:

### Einstiegsfragen

- Welche Konflikte stehen öfter im Vordergrund? Warum?
- Wie werden Konflikte bislang angegangen?
- Wie zufrieden gehen „Sieger" und „Verlierer" auseinander?
- Welche Alternativen der Konfliktlösung sind denkbar?

Wenn Sie ein Konfliktmanagementsystem implementiert haben, sollen Konflikte durch Interessenausgleich und Zufriedenheit der Parteien und mit möglichst geringem Kosteneinsatz gelöst sein. Eine Konfliktkultur kann aber nur in „friedlichen" Zeiten etabliert werden. Alle Personen – auch die Mächtigen – müssen dazu bereit sein.

### Entwicklungsfragen

**Die Strategie**

- Was ist die bisherige Konfliktstrategie? Was spricht für und gegen diese Strategie?
- Wie ist der Erfolg einzuschätzen?

**Die Motivation**

- Wer ist an einer besseren Konfliktkultur interessiert? Wer ist nicht daran interessiert?
- Wie stehen die bisherigen Gewinner und Verlierer zum Umgang mit Konflikten?

**Die Fähigkeiten und Fertigkeiten**

- Wie gehen die Beteiligten individuell mit Stress in konfliktären Situationen um?
- Wer verfügt in seinem Repertoire über konfliktlösende oder konfliktanregende Verhaltensweisen?

**Die Ressourcen**

- Steht ausreichend Zeit zur Konfliktbearbeitung zur Verfügung?
- Was darf die Konfliktlösung kosten?
- Welche Risiken sind akzeptabel?

Sechs Grundregeln sollten Sie beachten[56]:

### 1. Heben Sie die Interessen der Konfliktparteien hervor

Es ist normal, dass in einer Organisation vielfältige Interessen eine Rolle spielen. Zum Teil sind sie institutionalisiert, zum Beispiel in Gestalt des Betriebsrats oder der Frauenbeauftragten. Wenn Sie diese Instanzen hinzuziehen, bestimmen gesetzliche Regelungen oder interne Anweisungen, wie vorgegangen wird. Daher ist es notwendig, sich auf die jeweiligen Interessen zu konzentrieren, wenn Sie einen konstruktiven Verhandlungsstil im Unternehmen etablieren möchten. Persönliche Eigenarten oder strukturelle Schwierigkeiten werden dann in Auseinandersetzungen leichter ausgeklammert.

### 2. Etablieren Sie Optionen, damit die Beteiligten zum Verhandeln zurückkehren

Wenn sich Konfliktparteien nicht ohne fremde Hilfe einigen können, so steht an erster Stelle die Option, an einem Mediationsverfahren teilzunehmen (vgl. dazu Kapitel „Mediation“). Werden dann in den Verhandlungen Rechtsinformationen mitgeteilt, kann dies die Konfliktparteien möglicherweise davon abhalten, rechtliche Schritte zu be-

---

[56] Vgl. Altmann u. a. 1999, 235 ff.

schreiten. Bevor zu betrieblichen Machtmitteln gegriffen wird, z. B. zu einem Kündigungsverfahren, sollte in jedem Fall eine Frist zum Überdenken eingehalten werden müssen. Ein Gespräch zwischen Arbeitnehmervertretung und Betriebsleitung ist erforderlich.

### 3. Wenn Verhandlungen scheitern, sorgen Sie für kostengünstige Alternativen

Hierzu gehört z. B. das Schiedsverfahren, wie etwa das Anrufen einer Einigungsstelle oder das Hinzuziehen einer Schiedsstelle.

Wenn auch so keine Einigung zu Stande kommt, sollte eine faire Trennung vereinbart werden. Berücksichtigen Sie hierbei die folgenden Leitfragen. Sie helfen Ihnen herauszufinden, welche Maßnahmen Sie bei der Trennung treffen müssen.

#### Leitfragen zur Trennung[57]

- Ist eine Trennung zwingend notwendig?
- Sind alle möglichen Alternativen sorgfältig geprüft?
- Was sind die Gründe für die beabsichtigte Kündigung? Welche Gründe können alle Beteiligten nachvollziehen oder mit tragen?
- Wie ist der bisherige Werdegang des Betroffenen einzuschätzen? Wo liegen seine Stärken? Wie sehen seine Marktchancen aus?
- Gibt es Möglichkeiten, ihn an anderer Stelle im Unternehmen einzusetzen?
- Kann er einem anderen Arbeitgeber empfohlen werden?
- Wer wird den Betroffenen in welcher Weise informieren? Was muss man ihm sagen?

[57] Nach Höher/Höher 1999

- Ist die Person dafür ausreichend vorbereitet? Mit welchen emotionalen Reaktionen ist zu rechnen? Können hier größere Probleme auftreten?
- Welche individuelle Regelung ist im Rahmen eines Aufhebungsvertrages vorgesehen?
- Wie lange wird der Trennungsprozess voraussichtlich dauern und wie wird man in dieser Zeit miteinander umgehen?
- Kann der Mitarbeiter weiterhin seine Aufgaben wahrnehmen? Ist eine Freistellung erforderlich oder günstig?
- Mit welchen Reaktionen ist innerbetrieblich oder außerbetrieblich zu rechnen?
- Wer gibt entsprechende Stellungnahmen ab? Wer steht als Referenz zur Verfügung?
- Sind juristische oder sonstige Schwierigkeiten zu befürchten? Wer kann juristisch beraten?
- Welches Datum zur Beendigung eines Arbeitsverhältnisses ergibt sich aus dem Arbeitsvertrag? Kann von diesem Datum abgewichen werden? Gibt es eine Möglichkeit, die Kündigungsfrist eventuell zu verlängern oder den Zeitpunkt des Ausscheidens ganz offen zu lassen?

### 4. Schalten Sie immer Beratungen vor, um Konflikte zu analysieren

Wenn Sie weit reichende Maßnahmen z. B. in Change-Prozessen planen, bedenken Sie im Voraus, wo mögliche Konfliktlinien verlaufen, welcher Widerstand zu erwarten ist und wie Sie damit umgehen wollen. Aus Konflikten und ihren Verläufen können Sie lernen. Manche sind symptomatisch für ein Unternehmen.

## 5. Ordnen Sie die Konfliktlösungsstrategien nach dem Kostengesichtspunkt[58]

Überprüfen Sie die Verfahren zur Konfliktlösung mit Hilfe der folgenden Checkliste:

### Überprüfen Sie die Verfahren

- Welche Kosten bringt das spezifische Verfahren mit sich? (Verringerte Arbeitsleistung, vergeudete Zeit, Gerichtskosten u. a.)
- Welche Zufriedenheit erzeugen bestimmte Verfahren bei den Betroffenen? Stand die Übereinkunft oder der Racheaspekt im Vordergrund?
- Wie wirkt sich das Verfahren auf die Beziehung aus? Versöhnlich, frustrierend oder provoziert es eine „innere Kündigung"? Ist dauerhafte Kooperation daraufhin noch möglich?
- Wie wahrscheinlich ist ein erneuter Ausbruch des Konflikts? (Verdrängung, Rachedynamik oder akzeptable Lösung)

Welche der folgenden Strategien zur Konfliktbewältigung ist die beste?

[58] Vgl. Altmann u.a. 1999, 231

| Strategien zur Konfliktbewältigung | |
|---|---|
| I Ausgleichen | Ziel ist es, zwischen divergierenden Interessen, Perspektiven, Ansichten eine Kompromissorientierung zu erreichen. Das Verhandeln ist auf einen Interessenausgleich gerichtet. |
| II Justitia anrufen | Ziel ist es, eine höhere Instanz, wie z. B. ein Gericht oder eine Schiedsstelle anzurufen. Die Parteien sind bemüht ihre jeweiligen Rechtsansprüche nachzuweisen, bzw. die Rechtsposition der Gegenpartei zu schwächen. |
| III Auseinandersetzung mit Gewinn und Verlust | Ziel ist es, den Konflikt mit Machtstrategien zu dominieren. Hierzu zählen körperliche Auseinandersetzungen, Kriege, Befehle und Anordnungen (Top-down-Macht), Streiks etc. Sie alle sind machtorientierte Konfliktlösungsversuche. Die Strategien sind auf Durchsetzung gerichtet: „Der Stärkere gewinnt ...". Machtdominanz betrifft verschiedene Interaktionsebenen, physisch, psychisch, verbal, hierarchisch (als Positionsmacht) etc. |

Das Verfahren, das Sie entwickeln, berücksichtigt zunächst die kostengünstigsten Maßnahmen. Da beim Übergang zur nächsten Stufe höhere Kosten anfallen, sollten Hemmschwellen eingebaut werden. Orientieren Sie sich an folgendem Schema:

- Fördern Sie die Verhandlung zwischen den Konfliktparteien: Beauftragen Sie sie, das Problem zu bearbeiten und eine gemeinsame Übereinkunft zu erreichen.
- Wenn das nicht aus eigener Kraft erreicht werden kann, verpflichten Sie die Parteien, ein Mediationsverfahren mit einem neutralen Moderator mitzumachen (vgl. Kapitel „Mediation"). Die Parteien müssen nachweisen, was sie zu einer konstruktiven Beilegung des Konflikts getan haben.
- Wenn dabei keine Einigung erzielt werden kann, können Sie je nach Konfliktlage eine Entscheidung der nächst höheren Instanz, z. B. des Vorgesetzten einfordern oder ein Schlichtungsverfahren einberaumen.

Danach erst sollen rechtliche Schritte eingeleitet werden.

### Rechts- und Machtpositionen finanziell günstig klären

- Wissensmanagement (z. B. Zugriff auf Internetrecherche, Datenbanken, learning-communities, Wissenszirkel, Networking-Aktivitäten, Expertenforen etc.)
- Mediative Verfahren: durch akzeptierten Kollegen/Kollegin, durch neutrale Person, durch interne oder externe Berater, durch Führungspersonen
- Schiedsverfahren: traditionell, vermittelnd oder als letztes Angebot

Im vermittelnden Schiedsverfahren wird der Schlichter, falls die Verhandlungen scheitern, als Schiedsrichter eine Entscheidung fällen. Die Konfliktparteien wissen das im Voraus.

Beim Schiedsverfahren durch eine letzte Offerte sucht der Schiedsrichter keinen Kompromiss, sondern er entscheidet auf der Basis der letzten Offerten. Jede Partei wird also bemüht sein, ihre letzte Offerte so attraktiv und so annehmbar wie möglich zu gestalten. Diese Strategie folgt einem Weg von der gemeinsamen Einigung bis zum fairen Kampf um Sieg oder Niederlage.

Verfahren, die auf einen Ausgleich der Interessen abzielen, können stagnieren. Damit verbunden sind Rückfälle in alte Verhaltensmuster. Der dann oft beschrittene Weg, nämlich ein Kampf um Rechts- oder Machtpositionen kann sehr kostspielig sein. Das Gleiche gilt für das Entstehen eines kalten Konflikts, wenn es zu keiner Lösung kommt.

Sinnvoll ist es daher, vorab mit den Konfliktparteien herauszuarbeiten, was passieren soll, falls die interessenorientierte Strategie scheitert. Damit kann eine erneute Eskalation des Konflikts verhindert werden.

## 6. Sorgen Sie auf allen Stufen für ausreichend Motivation, Know-how und Ressourcen

Entwickeln Sie ein Gespür dafür, wann und wodurch die Konfliktbearbeitung auf einer bestimmten Stufe blockiert ist. Sie können dann die Verhandlungen aufschieben, damit die Parteien weitere Informationen beschaffen können. Sie können aber auch die Verhandlungspartner austauschen oder die Strategie ändern.

Ein Konfliktmanagementsystem hat immer einen pädagogischen Effekt: Es erzieht zur interessenorientierten Verhandlung, zu gemeinsamen Vereinbarungen (Gewinner-Gewinner-Prinzip), zum Kompromiss. Mögliche Schritte sind:[59]

- Die Verfahren werden in der Praxis vorgeführt. In simulierten Situationen kann der praktische Nutzen erfahren werden (Rollenübungen).
- Das Verhalten der Führungskräfte wird Vorbild. Wenn der Chef Neuerungen begrüßt, wird dieses auch den Mitarbeitern leichter fallen.
- Kollegen befürworten das Verfahren. Wenn sie das Verfahren unterstützen, ist die Wahrscheinlichkeit größer, dass auch andere es mit tragen.
- Setzen Sie klare und anspruchsvolle Ziele (Beispiel: Befassen Sie sich mit Beschwerden noch am selben Tag, indem Sie sie bei den Betroffenen ansprechen).
- Setzen Sie Konfliktlöseverfahren in der Personalbeurteilung und Arbeitsplatzbewertung ein.
- Geben Sie Erfolge bekannt. Die Identifikation mit dem neuen Vorgehen wird so verbessert.
- Der gesamte Prozess zur Einführung des Konfliktmanagementsystems ist von Trainings, Fortbildungen und Coaching begleitet.

Es gibt kein Standardmodell, das auf jeden Betrieb und jede Organisation passt. Vielmehr müssen passgenaue Abläufe entwickelt werden. Welche Kriterien sollten Sie dabei berücksichtigen?

---

[59] Nach Altmann u. a. 1999

- Berücksichtigen Sie gesetzliche Vorgaben, Tarifverträge und Betriebsvereinbarungen.
- Analysieren Sie bisherige Konflikte und die Strategie zu ihrer Lösung und beziehen Sie diese in die Überlegungen mit ein.
- Beziehen Sie alle Parteien, die eine wichtige Rolle bei der Konfliktlösung spielen, in die Planung und Umsetzung ein.
- Schaffen Sie Akzeptanz, indem Sie über die Verfahrensweise und das Konfliktsystem informieren und kommunizieren.
- Unterstützen Sie die an den Konfliktlösungen Beteiligten durch vorbereitende Trainings, begleitendes Coaching und eventuell nachträgliche Supervision.
- Stellen Sie sicher, dass das Konfliktmanagementsystem allen leicht zugänglich ist.
- Machen Sie die Verfahrensweise zur Konfliktlösung und das Konfliktlösungssystem allen Beteiligten verständlich.
- Gewährleisten Sie, dass die Verfahrensweisen transparent, die Inhalte aber vertraulich sind.
- Garantieren Sie eine schnelle Reaktion auf die Probleme der Betroffenen.
- Überprüfen Sie regelmäßig die Zufriedenheit mit Verfahrensweisen und Lösungen und passen Sie das System entsprechend an.[60]

Im Rahmen eines Konfliktmanagementsystems sollten Verhandlungen immer von unten nach oben (bottom-up) über mehrere Ebenen einer Organisation verlaufen mit jeweils anderen Ansprechpartnern. Als flankierende Maßnahmen sollten viele Anlaufstellen (Vertrauensstellen) geschaffen und Unterhändler mit Vollmachten ausgestattet werden. Dabei müssen Sie Vergeltungsmaßnahmen unterbinden. Grundsätzlich gilt: Schaffen Sie so viele Begegnungen und informelle Kontaktmöglichkeiten wie möglich.

Das gestufte Verfahren der Konfliktbewältigung bewegt sich von einer Stufe, auf der die Formalität geringer ist und die Betroffenen freiwillig an den Konfliktlösungsgesprächen teilnehmen, zu Stufen, die einen deutlich höheren Formalitätsgrad aufweisen.

---

[60] Vgl. Altmann u. a. 1999, 243

Bevor eine Maßnahme im Unternehmen durchgeführt wird, z. B. eine neue Technologie eingeführt oder auf andere Produkte umgestellt wird, sollten Sie die betroffenen Parteien rechtzeitig und ausreichend informieren. Damit verhindern Sie Konflikte, die aufgrund von Missverständnissen entstehen. Außerdem beugen Sie so Widerständen vor, die häufig als Reaktion auf „oben" gefällte, unerwartete Entscheidungen auftreten.

Konfliktvorbeugung und konstruktive Konfliktbewältigung verlangen

- aufgeschlossene, lernbereite Führungskräfte,
- Führungskräfte als Vorbilder,
- Unternehmensleitlinien mit klaren und kommunizierten Organisationszielen,
- Organisationsentwicklung, bei der ein Klima des Vertrauens aufgebaut wird,
- Beteiligung der Betroffenen bei Maßnahmen der Veränderung,
- Eine Kultur, in der Vielfalt und Verschiedenheit als Ressourcen erkannt und genutzt werden (Managing Diversity).

# Wie bewältigen Sie Konflikte?

Konflikte zu bearbeiten heißt, planmäßig und rational vorzugehen. Dazu gehört es, den Konflikt zu analysieren, seine Bestandteile zu erfassen und seine Geschichte sowie seinen Verlauf nachzuvollziehen (vgl. Kapitel „Was sind Konflikte?"). Dann erst kann man sich die eigentliche Problemlösung vornehmen, Lösungsvorschläge erarbeiten, sammeln und bewerten. Wenn Sie selbst als Konfliktpartei betroffen sind, geht es darum, intelligent mit den eigenen Gefühlen umzugehen, kommunikative Fähigkeiten zu trainieren sowie faires Verhandeln und Problemlösen einzuüben. Als neutrale dritte Partei oder Führungskraft geht es darum, ein Konfliktmanagementsystem einzuführen und die Rollen als Moderator oder Mediator, Schlichter oder Machtinstanz zu übernehmen.

## Wie analysieren Sie einen Konflikt?

Wenn Sie einen Konflikt in Ihrem Umfeld rekonstruieren, dann sollten Sie sich zunächst von folgenden Fragen leiten lassen. Weitere Fragen finden Sie im Anhang als Diagnose-Checklisten.

### Konfliktnavigator

- Wer sind die Konfliktpartner im inneren (direkt) und äußeren (indirekt) Umfeld?
- Wie lautet das Konfliktthema? Was nehme ich auf der Oberflächenebene wahr und was in der Detailsicht oder Teifenstruktur? Welche anderen Perspektiven gibt es noch?
- Wer sind die Konfliktparteien? Was sind deren individuelle Ziele? Welche Meinungen vertreten sie?

- Welche Stärken, Schwächen, Chancen und Risiken sind in dem Konflikt auszumachen?
- Was befürchten die Konfliktpartner? Wie reagieren sie aufeinander? Sind Verhaltensmuster erkennbar?
- Was passiert, wenn nichts passiert?

Erarbeiten Sie die Aspekte eines Konflikts gemeinsam mit den (anderen) Konfliktparteien. Sie schaffen sich eine erste Orientierung, wenn Sie sich fragen, welche Aussagen eher zum Beibehalten des Konflikts und welche eher zu einer Lösung führen. Fragen Sie: Wozu führt das? Welches Ziel erreichen Sie damit? Was ist Ihr Hauptinteresse? Weniger zielführend sind Fragen nach dem Warum.

Ordnen Sie die Aussagen entsprechend. Entwickeln Sie miteinander Fantasien, welche Elemente verändert werden sollen, um ein bestimmtes Ziel zu erreichen. Manche Aspekte des Konflikts sind direkt beobachtbar, andere müssen durch Fragen, Interpretation und Konfrontation erarbeitet werden. Letzteres ist Aufgabe einer neutralen dritten Partei. Wenn man selbst betroffen ist, spielen Gefühle eine zu starke Rolle und man kann nicht sachlich, neutral und unvoreingenommen agieren.

### Die beobachtbaren Aspekte eines Konflikts[61]

- Der bisherige Verlauf eines Konflikts: Wer hat was getan? Gibt es schriftliche Unterlagen darüber? Welche Beschreibungen liefern die Parteien? Was lässt sich im Verhalten der Parteien beobachten?
- Bisherige Lösungsversuche: Welche Lösungen wurden von wem mit welchem Resultat durchgeführt? Gab es Versuche, durch einseitige Machtausübung den Konflikt zu lösen? Kam es zu Drohungen oder Gewaltanwendungen?
- Schäden: Hat der Konflikt zu Kosten und Verlusten geführt?
- Organisatorischer Kontext: Welche Regelungen und Normen zur Lösung von Konflikten gibt es?

---

[61] Vgl. Altmann u. a. 1999, 66

- Objektive Standards: Existieren bereits objektive, von außen gesetzte Standards, an die man sich bei der Lösung des Konflikts halten kann?
- Anwendbare Gesetze: Welche Rechte der Parteien sind betroffen? Die rechtliche Seite des Konflikts müssen die Parteien mit ihrem Rechtsanwalt abklären.

### Nicht beobachtbare Aspekte eines Konflikts

Längst nicht alle Hintergründe und Motive sind im Konflikt offen und beobachtbar. Hierzu zwei Beispiele:

*Eine Mitarbeiterin macht ihre Kollegin nicht auf die Fehler in einem Anschreiben aufmerksam. Auf die Frage, warum sie sich so verhalte, sagt sie: „Weil sie schlecht über mich geredet hat."*

*In unserem Eingangsbeispiel sammelt ein Projektmitarbeiter über einen anderen Informationen über eventuelle Fehler. Wenn man ihn fragt, warum er das tue, antwortet er: „Weil ich ihn als Konkurrenten um die Projektleiterstelle absägen und selbst Projektleiter werden will."*

Im ersten Beispiel ist die unterlassene Hilfe (das Warum) eine Folge der vorherigen Handlung des anderen. Im zweiten Beispiel ist sie Bestandteil der Hinarbeit auf ein Ziel.

Die Motive und Interessen der Parteien müssen im Konflikt erst herausgearbeitet werden. Hier einige Beispiele für „geheime", nicht offen kommunizierte Interessen:

- Die Beziehung soll bestehen bleiben.
- Eine Sache soll zu Ende kommen.
- Man will Kosten vermeiden.
- Der andere soll geschädigt werden.
- Man will sich rächen.
- Man will zusätzliche (Arbeits-)Belastungen vermeiden.
- Man möchte sein Gesicht wahren.
- Schaden soll ersetzt werden.
- Man will gleichberechtigt oder zuvorkommend behandelt werden.

- Man wünscht sich Anerkennung[62].

Neben den „heimlichen" Interessen existieren aber auch „heimliche" Befürchtungen. Auch diese erschließen sich erst im Rahmen der Konfliktbearbeitung. Bei den meisten Menschen führen Erlebnisse, in denen sie zurückgesetzt oder missachtet wurden, zu Empfindlichkeiten und „wunden Punkten". Auch Situationen, in denen sich Menschen ohnmächtig fühlen oder von Vorgesetzten oder Kollegen arrogant oder willkürlich behandelt wurden, spielen hier eine Rolle, z. B. Diskriminierungserfahrungen von Frauen oder älteren Mitarbeitern.

### Das Konfliktraster

Sammeln und ordnen Sie die gefundenen Informationen in einem Konfliktraster[63]. Es eignet sich auch gut, um den Konflikt zu visualisieren:

**Konfliktraster**

| Aspekte des Konflikts | Partei A | Partei B | Partei C |
|---|---|---|---|
| Wahrgenommene Ursache | | | |
| Interessen | | | |
| Befürchtungen, „wunde Punkte" | | | |
| Ziele und Absichten | | | |
| Mögliche Lösungen | | | |
| Strategien | | | |

[62] Vgl. Altmann u. a. 1999, 65

[63] Vgl. Altmann/Fiebiger/Müller 1999, 64, eigene Ergänzungen

| | | | |
|---|---|---|---|
| Konfliktfolgen<br>a) bei möglichen Lösungen<br>b) wenn nichts passiert | | | |
| Bemerkungen | | | |

## Wie handeln Sie als fairer Konfliktpartner?

Um die Konfliktbearbeitung erfolgreich durchzuführen, sollten Sie die Fähigkeit entwickeln, das Geschehen von den folgenden drei Positionen aus betrachten zu können:

- Die eigene Perspektive: Das bedeutet, dass Sie sensibel für Ihre eigenen Gefühle und Bedürfnisse sein sollten. Sie sollten Ihre Gefühle wahrnehmen, ein Bewusstsein für Ihre persönlichen Ziele und Interessen haben sowie Ihre eigenen Stärken und Schwächen in der Interaktion kennen.
- Die Perspektive der anderen Partei: Hier sollten Sie sich in die Lage des anderen hineinversetzen können. Dazu benötigen Sie sensibles Einfühlungsvermögen.
- Die Position des neutralen Dritten: In dieser Position sollten Sie sich vom Geschehen distanzieren können und es gleichsam von außen betrachten. Diese Position werden Sie als Führungskraft einnehmen, wenn Sie einen Konflikt zwischen Mitarbeitern zu klären haben.

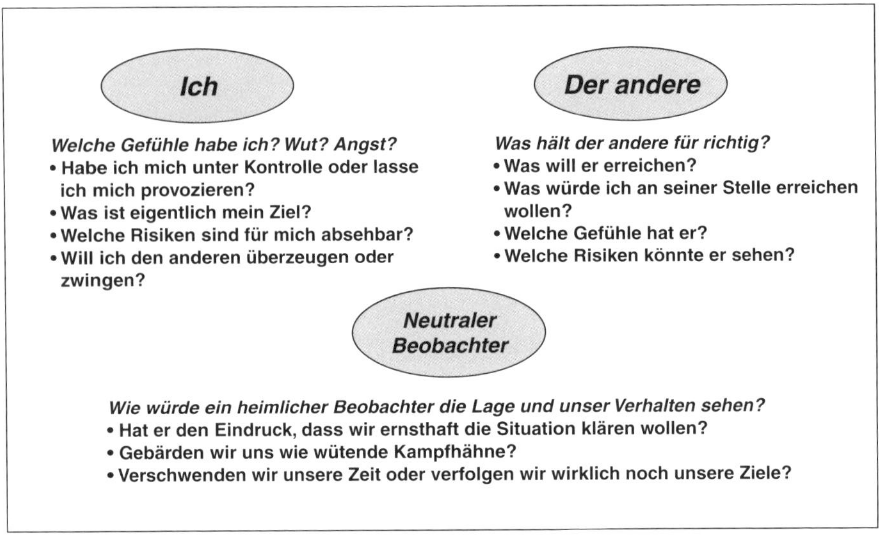


Abbildung 14: Beobachtungspositionen

Welche Rolle Gefühle in der menschlichen Interaktion spielen, möchten wir hier anhand des Verlaufs eines Konflikts nochmals verdeutlichen. Konflikte beginnen in einer Person, die den Eindruck hat, von einer anderen Person oder Gruppe behindert oder beeinträchtigt zu sein. Darauf reagiert sie mit erhöhter Erregung. Auch der Prozess der Konfliktbewältigung beginnt im Beteiligten selbst. Denn seine erste Aufgabe im Hinblick auf eine konstruktive Konfliktbearbeitung ist es, die eigenen Gefühle zu regulieren und die Erregung unter Kontrolle zu bringen. Wir betrachten diese Fähigkeit als einen Bestandteil emotionaler Intelligenz. Wenn jemand zögert, bevor er eine gefühlsgeleitete Handlung ausführt, ist der Einstieg in eine konstruktive Konfliktbearbeitung gewonnen.

**SELBSTMANAGEMENT IN KONFLIKTFÄLLEN**

1. Verletzen Sie nicht die Würde anderer.
2. Achten Sie sich in die Position des Konfliktpartners.
3. Versetzen Sie sich in die Position des Konfliktpartners.
4. Hören Sie zu und fragen Sie nach, machen Sie Zusammenfassungen, holen Sie Feedback ein.
5. Respektieren Sie, dass Sie einen Menschen nicht ändern können, sondern allein ihren Standpunkt. Den des Konfliktpartners nur, wenn er dazu bereit ist.
6. Arbeiten Sie mit Konzepten und Strategien, um Ihren Standpunkt zu reflektieren und um konsequent, intelligent und nachhaltig vorzugehen.
7. Arbeiten Sie mit Szenarien und Zukunftsentwürfen, um Folgekonflikte auszuschalten.

## Vertrauensbildende Maßnahmen

Eine der schwierigsten aber wichtigsten Voraussetzungen für die Bearbeitung von Konflikten ist es, dem anderen zu vertrauen. Um sich als Partner mit einem gemeinsamen Problem sehen zu können, ist Vertrauen notwendig.

Vertrauen bezieht das Risiko eines möglichen Vertrauensbruches durch die andere Seite bewusst ein. Um Vertrauen aufzubauen, muss man es wagen, sich verletzbar zu zeigen. Auch sollte man Ängste und Zweifel über das Vorgehen des anderen nicht übermächtig werden lassen und sich dadurch den Schritt zu einer konstruktiven Beziehung verbauen. Das aber setzt Selbstbewusstsein und Selbstklärung voraus.

Vertrauen wird möglich, wenn

- die Konfliktparteien es riskieren, Betroffenheit, Wünsche, Befürchtungen, Ängste und Hoffnungen zu äußern,

- beide Seiten alles unterlassen, was provoziert, verletzt oder bloßstellt, obwohl sie dazu in der Lage wären,
- die Betroffenen sich entschuldigen können, auch wenn sie sich im Recht fühlen[64].

Wenn Sie Vertrauen aufbauen wollen, sind Selbstoffenbarung und Schonung die wichtigsten Elemente. „Man behält Recht, indem man Unrecht behält", sagt der Konfliktforscher Gerhard Schwarz. Eine sich abzeichnende Vertrauensbildung sollten Sie festigen, noch bevor sich die Konfliktparteien der eigentlichen Problemlösung zuwenden.

### Vertrauen entwickeln

- Im akuten Konfliktfall sollten Sie mit Kalkül und „kühlem Kopf" vorgehen. Spontaneität und Gefühlsstimmungen sind für ein zielgerichtetes Handeln Gift.
- Wahren Sie professionelle Distanz zum Konfliktpartner und zur Situation. Dissoziieren Sie sich mental und gegebenenfalls real.
- Reflektieren Sie Ihr Vorgehen, denken Sie in Alternativen.
- Äußern Sie Ihre Hoffnungen und Befürchtungen als Ich-Botschaft.
- Erkennen Sie den anderen Standpunkt an, zeigen Sie Verständnis.
- Fokussieren Sie sich gezielt auf Stärken und positive Aspekte der anderen Person und der Situation.

Die folgenden Fähigkeiten sollten Sie entwickeln, denn sie fördern das Vertrauen und helfen Ihnen grundsätzlich bei Konfliktgesprächen:

- Ich-Botschaften senden statt Schuldzuweisungen („Du … immer …"),
- Blickkontakt aufnehmen,

---

[64] Vgl. Berkel 1997, 87

- eine zugewandte Körperhaltung zeigen,
- aktives Zuhören und Spiegeln (vgl. Kapitel „Spielregeln der Kommunikationskultur."),
- offene Fragen stellen (= W-Fragen, z. B. „Wie kam es dazu, dass ...?"), um Informationen austauschen und reflektieren zu können,
- sich in einer neutralen, annehmbaren Sprache äußern; nicht werten, keine Killerphrasen. Moderatoren/Mediatoren müssen die Äußerungen der Konfliktparteien in eine solche Sprache übersetzen können,
- ordnend und strukturierend zusammenfassen.

## Offene Kommunikation

Vertrauen bedarf der ständigen Vergewisserung und Bestätigung. Dies geschieht in offener Kommunikation, die folgende Gesprächsthemen umfasst:

### Emotionen

Maßgeblich ist hierbei nicht, welche Gefühle Sie haben, sondern dass Sie die Gefühle bewusst und angemessen äußern. Es gibt keine besseren oder schlechteren Gefühle. Weder Aggressivität noch Friedfertigkeit sind immer passend und richtig. Jedes Gefühl gehört zu der jeweiligen Person und ist für sie wahr. Auch sollte der Anlass für das Gefühl mitgeteilt werden. Eine offene Kommunikation über Gefühle, wie Freude, Wut, Enttäuschung etc., macht das Handeln verständlich und erschwert Täuschungsmanöver. Allerdings gehört diese Art der Kommunikation in Unternehmen nicht gerade zum täglichen Stil.

In Konfliktsituationen neigen viele Menschen dazu, Dinge und Situationen verzerrt wahrzunehmen. Oft verhalten sie sich auch ganz anders als sonst. Damit Sie sich nicht in einem destruktiven Schlagabtausch Ihr Fehlverhalten vorwerfen, sollten Sie sich von vornherein bewusst machen, dass das Verhalten des anderen aufgrund des Konflikts entsteht. Um die versteckten Aspekte eines Konflikts wahrzunehmen, versetzen Sie sich in die Lage des anderen und versuchen Sie, sich für dessen Bedürfnisse zu interessieren. Ihre eigenen Bedürfnisse sollten Sie direkt und angemessen ausdrücken.

### Wahrnehmungen

Es ist wichtig herauszufinden, wie die andere Seite den Konflikt sieht und auf welche Wahrnehmungen sie sich dabei beruft. Vermutungen und Andeutungen vage zu äußern, ist nicht hilfreich. Nennen Sie beobachtete Fakten und nachprüfbare Ereignisse und teilen Sie sie als Ich-Botschaften mit; vermeiden Sie Schuldzuweisungen. Absolut erforderlich ist es, dass Sie Wahrnehmung und deren Interpretation strikt trennen. Haben Sie Verständnis für eine „verzerrte Wahrnehmung" der anderen Seite. Kennen Sie Ihre eigenen Verzerrungen? Inwieweit ist Ihre aktuelle Wahrnehmung geprägt von Ihren Überzeugungen und Vorerfahrungen mit den anderen oder „ähnlichen Leuten" oder von Ihrem Selbstbewusstsein?

### Ursachen für verzerrte Wahrnehmung

- Vorannahmen und eigene Erfahrungen, mit Situationen oder Personen; dann Übertragung der eigenen Sichtweise (positiv und negativ) auf die aktuelle Situation
- Wert- und Ethik-Dispositionen: Einstellungen zu Themen wie Wahrheit, Gerechtigkeit, Frieden, Auseinandersetzung etc.
- Kulturkontext: Einstellungsverhalten und Kultursozialisation als Urteilsbasis für Wichtigkeit und Bedeutung der Personen.
- Religiöse Sichtweisen und Verhaltensweisen, hierzu eigene Erfahrungen im Kontext zu provokanten Themen und Tabus.
- Sozialisation und Erziehung: Streitkultur im Elternhaus, schulischem Umfeld etc., Erfahrung mit Konfliktsituationen bzw. Menschen, die in der aktuellen Situation beteiligt sind.
- Ziel- und Motivverhalten: Eigene Prioritäten als Ursache für selektive Wahrnehmung.
- Sozialverhalten/Kontaktorientierung: Individualist oder Teamplayer? Kooperativ, integrativ oder gegen andere gerichtet?

### Beziehungen

Hier geht es darum, wie eine Konfliktpartei die andere sieht. Sehe ich diese als Gegner an, als Konkurrenten oder als Partner bei der Problemlösung? Oft sind Streitpunkte schwer zu verstehen, wenn Sie die Beziehungen der Beteiligten nicht richtig kennen. Aus der Beziehungsdefinition ergibt sich der Stil, das Vorgehen, das die Betroffenen wählen: kooperativ oder konkurrent. Auch hier wirkt die Umwelt der Organisation mit, denn in einem Unternehmen, in dem Konkurrenzdenken als Ideal gilt, fällt es schwer, zu kooperieren. Wenn die Betroffenen sich dagegen eher als Gemeinschaft fühlen (die innere Realität ist hier entscheidend, nicht die Ideologie), ist ein kooperatives Vorgehen wahrscheinlicher, allerdings werden Konflikte dann eher vermieden und verleugnet.

### Probleme

In jeder Definition eines Problems sind immer schon Lösungen und Strategien enthalten. Deshalb ist es im konkreten Fall so schwer, die Problemdefinition von der Phase der Problemlösung zu trennen.

Auch ist in jedem Konflikt immer ein persönlicher Aspekt enthalten. Häufig tritt dieser Aspekt in den Vordergrund und die Beteiligten vergessen, dass es auch einen sachlichen Aspekt des Problems gibt. Ein Problem muss aber in seiner Vielschichtigkeit beschrieben werden; es ist dabei weniger wichtig, wer das Problem hat. Alle Aspekte – die sachlichen, die persönlichen und sozialen Seiten – müssen gewürdigt werden, um die Lösung vorzubereiten.

#### Checkliste für den Prozess der Problemlösung[65]

- Ist das Problem klar und verständlich definiert?
- Gibt es mehrere Definitionen des Problems?
- Sind die sachlichen und persönliche Aspekte des Problems berücksichtigt?

---

[65] Berkel 1997, 100

- Haben sich die Parteien Zeit genommen, alle notwendigen Informationen zu sammeln und auszutauschen?
- Sind die Zielvorstellungen der Parteien allen klar und verständlich?
- Sind die Parteien bereit, verschiedene Lösungswege zu erarbeiten?
- Sind die Parteien bereit, zäh und ausdauernd nach einer für alle befriedigenden Lösung zu suchen?
- Sind sich die Parteien einig, wie die Lösungen bewertet werden?
- Wird bei der Entscheidung für eine Lösung berücksichtigt, ob sie neuartig ist, Kompensationen enthält oder Kompromisse zulässt?
- Sind alle Beteiligten bereit, die Entscheidung zu akzeptieren und mitzutragen?

## Einstellungen

Nun sind die Voraussetzungen für eine gemeinsame Problemlösung gegeben. Aus den bisher genannten Regeln und Verhaltensweisen lässt sich ableiten, welche Einstellungen einer konstruktiven Konfliktlösung förderlich sind:

- Im Konfliktfall fragen Sie sich, welche Interessen die andere Seite hat.
- Sie unterscheiden zwischen den Menschen und den Problemen, d. h. Sie trennen zwischen Sach- und Beziehungsebene.
- Bevor Sie entscheiden, überlegen Sie viele Handlungsmöglichkeiten. Durchdenken Sie dabei nicht nur Ihre eigenen Schritte, sondern auch mögliche Gegenbewegungen.
- Sie achten darauf, dass die Ergebnisse der Konfliktbearbeitung allgemein verbindlichen bzw. gemeinsam vereinbarten Kriterien genügen.
- Sie wissen, dass es mehrere Ansichten gibt, nicht nur Ihre.
- Sie beachten die Einheit von Ziel und Mittel.

- Sie bestehen nicht auf Ihren Prinzipien. Sie verfolgen möglichst Ziele, die der anderen Seite nicht schaden.

## Lösungen und Vereinbarungen

Nachdem die Parteien Lösungen erarbeitet haben, muss sichergestellt werden, dass sie so auch realisierbar sind. Das fällt umso leichter, je mehr jede Seite ihre Absichten wenigstens teilweise verwirklichen kann oder je mehr mindestens eine Seite ihre Befürchtungen als gegenstandslos betrachtet.

### Fragen zur Beurteilung vorgeschlagener Lösungen

- Ist der Vorschlag überhaupt zielführend?
- Welchen Aufwand, welche Anstrengung erfordert der Vorschlag?
- Welche positiven oder negativen Nebeneffekte treten auf? Welche Folgen?

Lösungsvorschläge können Folgendes beinhalten:

### Eine Seite bekommt, was sie will

Es ist umso leichter, die Vorstellungen und Wünsche einer Seite durchzusetzen, wenn die andere Seite dafür eine Kompensation erhält: Wenn zwei Mitarbeiter um eine Stelle konkurrieren, so kann zwar nur einer diese bekommen. Aber der andere kann einen neuen, interessanten Aufgabenbereich erhalten. Sie sollten darauf achten, dass die andere Seite ihr Gesicht nicht verliert, so dürfen die neuen Aufgaben z. B. keine Degradierung beinhalten. Entscheidend ist dabei auch, wie die Lösung von allen Betroffenen nach außen kommuniziert wird.

### Neu erarbeitete Lösungen

Sie sind umso wahrscheinlicher, je weniger Zwänge und Blockaden bei der Problembearbeitung existieren und je mehr Arbeitstechniken zur Anwendung kommen, um z. B. Denkblockaden zu lösen und viele Ideen zu generieren, ohne vorschnell zu beurteilen und zu zensieren.

Denn die objektive Realität ist weder alleinige Ursache für den Konflikt, noch Ausgangspunkt zu einer Lösung. Man kann Konflikte nicht dadurch lösen, dass man alle Tatsachen und Beweise zusammenträgt, analysiert und objektiv bewertet; vielmehr muss eine weitere Dimension erschlossen bzw. erarbeitet werden, in der, zukunftsgerichtet, etwas Neues möglich wird. Hier helfen Methoden der kreativen Problembearbeitung (s. Kopfstandmethode), Brainstorming u. a. Stellen Sie die Frage „Was wäre, wenn?", um die Fantasie anzuregen.

### Gegenseitige Konzessionen

Bei sehr komplexen Problemen ist es günstig, wenn Sie sie in einzelne Aspekte zerlegen. So finden Sie heraus, wie wichtig der anderen Seite die verschiedenen Bestandteile der Lösung sind. Jede Partei setzt Prioritäten, so dass eine Lösung zu Stande kommt, bei der jede Seite auf weniger wichtige Aspekte verzichtet.

Oft ist es einfacher, Konfliktgesprächen einen formgebundenen Rahmen zu geben. Hierfür brauchen Sie in der Regel die Unterstützung einer dritten Partei, die moderiert. Wenn Sie von einem Konflikt direkt betroffen sind, sollten Sie sich nicht scheuen, diese Unterstützungssysteme in Anspruch zu nehmen. Das beweist Professionalität im Umgang mit Konflikten und es verhindert verletzende und ineffektive Auseinandersetzungen. Konfliktmoderation und Mediation sind Herausforderungen an Führungskräfte.

## Die konfliktfähige Persönlichkeit

Menschliches Verhalten ist niemals isoliert zu sehen. Es ist kontextabhängig. Wenn Sie mit anderen Menschen kommunizieren, so beeinflussen sie sich wechselseitig. Zusammenfassen lässt sich dies wie folgt beschreiben:

- Menschen beziehen sich aufeinander. Je stimmbetonter von der Modulation und Intonation her der eine spricht, desto lauter wird auch der andere sprechen.
- Je häufiger der eine unterbricht, desto häufiger wird dies auch der andere versuchen.

- Je persönlicher der eine spricht, desto persönlicher wird dies auch der andere tun.
- Je öfter der eine Zustimmung durch kommunikative Verstärker (Kopfnicken, Bestätigungsformeln wie „mmh, mmh, ja, ja ...“, offener Blickkontakt), desto mehr wird auch der andere Zustimmung zeigen.
- Je intensiver der eine non-verbale Kommunikation einsetzt, desto stärker wird sich der andere darauf beziehen, bis zur tendenziellen Angleichung von Körperhaltung, Gestik und Mimik

Das, was hier auf der Verhaltensebene beschrieben ist, gilt bis zu einem gewissen Grad auch für Ansichten und Einstellungen. Gruppen prägen ihre Mitglieder. Der Einzelne passt sich in seinen Äußerungen und Verhaltensweisen der Gruppennorm an und integriert sich.

Dennoch gibt es Grundprägungen, die zur Persönlichkeit des Menschen gehören und die nicht einfach abzulegen sind. Hierzu zählen die Grundprägungen, die unter anderem auch das persönliche Konfliktpotenzial gestalten (vgl. Kapitel „Individuelles Konfliktpotenzial“).

- Interesse, von anderen beachtet und anerkannt zu werden (hin zu anderen)
- Bedürfnis nach Unabhängigkeit, Selbstgenügsamkeit (weg von anderen)
- Bedürfnis, andere zu bekämpfen und zu unterwerfen (gegen andere)

Ein konfliktfähiger Mensch verfügt über die folgenden Fähigkeiten:

- Die Fähigkeit, die Grenzen des eigenen Denkens und Wollens zu überwinden und die Probleme aus der Sicht der anderen betrachten zu können.
- Die Fähigkeit, die Weltsicht, die Gefühle, die Motive des anderen verstehen zu können.
- Die Fähigkeit, durch Argumentation aus der Sicht des anderen heraus überzeugen zu können (alles andere wäre Überreden oder rhetorisches Besiegen).

| Die konfliktfähige Persönlichkeit[66] | |
|---|---|
| Flexibilität und Identität | Sich auf unterschiedliche Menschen und Situationen ein- und umstellen können.<br>Die eigenen Ziele in wechselnden Situationen nicht aus den Augen verlieren. |
| Selbstwert und Dienst | Die eigenen Stärken kennen und sich auf sie besinnen.<br>Einer eigenen Vision dienen und anderen Menschen nützen. |
| Belastbarkeit und Zielgerichtetheit | Momentan unklare und widersprüchliche Situationen aushalten können.<br>Entscheidungen treffen und konsequent umsetzen. |
| Selbstbestimmung und Einsicht | Sich eine eigene Meinung bilden und sie in Gruppen und gegenüber Autoritäten vertreten können.<br>Eigene Annahmen infrage stellen können, kompromissbereit und lernfähig sein. |
| Zuversicht und Realitätssinn | Vertrauen in sich, in andere und die Zukunft entwickeln.<br>Mit Enttäuschungen und Misserfolgen rechnen und umgehen können. |
| Wertorientierung und Toleranz | Sich auf übergeordnete Werte verpflichten.<br>Unterschiedliche Werte vertreten und Flexibilität in den Lebenszielen. |
| Offenheit und Selbstbeherrschung | Seine Gefühle wahrnehmen und angemessen kommunizieren können.<br>In der Lage sein, seine spontanen Impulse zu mäßigen. |

Im Verhalten bei Konflikten sind zwei Tendenzen zu beobachten. Da gibt es diejenigen vom Typ „Senkrechtstarter", die bei Konflikten gleich abheben. Sie sind schnell zu reizen, haben ihre Gefühle kaum

[66] Nach Berkel 1997, 64

unter Kontrolle, werden ausfallend, laut, vielleicht auch beleidigend. Mit dieser Reaktionsweise provozieren sie auch Antipathien der (noch) Unbeteiligten. Denn wer so aus der Rolle fällt, wird mit dem Thema „Unrecht“ schneller in Verbindung gebracht. Andererseits gibt es Menschen, die in einem Konflikt mit stoischer Miene zeigen, dass sie sich durch nichts aus ihrer überlegenen Ruhe bringen lassen. Sie gehen vielfach sogar noch in die Machorolle und strafen ihren Gesprächspartner und dessen Verhalten überheblich ab: „Nicht mit mir und schon gar nicht so …“.

Diese Menschen haben in einem Konflikt zunächst die Sympathien auf ihrer Seite. Dabei wird leicht ausgeblendet, dass sie es gewesen sein können, die mit zynisch-provozierenden Bemerkungen oder Unterlassen gewünschten Verhaltens den Konflikt vorher angeheizt haben. Ihre extreme Ruhe und Distanziertheit können sich konfliktverstärkend auswirken. Weder das eine noch das andere Verhalten (Gefühlsausbruch versus Gefühlskontrolle) ist für die Konfliktbearbeitung per se konstruktiv. Beide Verhaltensweisen können auch eskalierend wirken.

Um das Konfliktprofil eines Menschen zu ermitteln, spielen demnach folgende Dimensionen eine Rolle:

- Aktivität – Passivität: Wie engagiert tritt jemand für seine Ideen und Ziele ein? Wie weit verhält er sich passiv?
- Veränderungsbereitschaft versus Stabilität: Wie kreativ, offen oder risikobereit ist jemand? Orientiert er sich eher an stabilen Regeln und Normen und ist wenig veränderungsbereit?
- Empfindsamkeit versus Robustheit: Wie sensibel oder emotional belastbar ist jemand?
- Kooperationsbereitschaft versus Konkurrenz: Legt jemand mehr Wert auf Harmonie in seinem sozialen Umfeld oder geht er leicht auf Konfrontationskurs?
- Nähe versus Distanz: Hat jemand eine grundsätzlich vertrauensvolle Einstellung gegenüber seinen Mitmenschen oder geht er aus bestimmten Gründen lieber auf Distanz?
- Gefühlsausdruck versus Gefühlskontrolle: Neigt jemand zu spontanen Gefühlsäußerungen oder hat er seine Gefühle eher im Griff?
- Einfühlungsvermögen versus Desinteresse: Ist jemand in der Lage, sich in andere hineinzuversetzen?

- Überzeugungskraft versus –schwäche: Wie authentisch und argumentativ überzeugend ist jemand?
- Verhandlungsgeschick: Welchen Verhandlungsstil repräsentiert jemand?

Dass bestimmte Dimensionen bei einer Person überwiegen, bedeutet allerdings nicht, dass sie konfliktfähiger ist als eine andere, vergleiche oben den „Senkrechtstarter" versus „Pokerface". Es sagt lediglich etwas über das Konfliktprofil des betreffenden Menschen aus: Ob er generell eher emotional robust ist, sich lieber auf Distanz hält oder sich Gedanken über die anderen am Konflikt Beteiligten macht. Es hängt von der Situation ab, ob die jeweilige Dimension und das zugehörige Verhalten richtig oder falsch ist. In manchen Konflikten oder Konfliktphasen mag es zielführend sein, auf faire Art zu konfrontieren, in anderen ist es besser zu kooperieren und Nähe und Gemeinsamkeiten zu betonen. Im einen Fall ist es angezeigt, Gefühle zu äußern, ein anderes Mal ist es angemessener, rein sachlich und rational vorzugehen. Kommunikations- und Konfliktfähigkeit wird sich also eher in der Breite von alternativen Verhaltensweisen zeigen und in der Flexibilität, mit der jemand zwischen den Alternativen wechselt. Er ist dadurch nicht auf ein Muster festgelegt, sondern kann sich den jeweiligen Gegebenheiten und Menschen entsprechend anpassen. Allerdings gibt es einige Verhaltensmuster, die tendenziell konfliktverschärfend wirken.

Ihr persönliches Konfliktprofil können Sie mit dem *Kienbaum Konflikt Fragebogen*, den Sie auf der CD und im Anhang finden, ermitteln.

## Konfliktverschärfende Bewältigungsmuster

Die uns spontan zugänglichen Grundmuster bei der Konfliktbearbeitung sind nicht immer konstruktiv oder einer fairen Konfliktlösung dienlich, im Gegenteil. Die beiden ursprünglichsten Reaktionen auf eine wahrgenommene Bedrohung sind Flucht bzw. Vermeiden und Kampf bzw. Vernichtung. Es bedarf zivilisatorischer und kultureller Anstrengungen, diese Ebenen auszublenden, um einen Kompromiss oder Konsens durch Kooperation zu erzielen. Als Grundmuster der Konfliktbearbeitung kann man sich an folgenden Optionen orientieren. Die beiden ersten wirken konfliktverschärfend.

| Strategien der Konfliktbearbeitung | |
|---|---|
| 1. Kopf in den Sand | Die Konfliktpartei verhält sich defensiv und wartet ab, dass sich das Problem irgendwie lösen wird. |
| 2. Muskelspiel | Mit taktischem Kalkül macht eine der beiden Konfliktparteien Druck durch Machteinsatz. Gemeint ist auch das Hinzuziehen einer fremden Macht, um den Konflikt für sich zu entscheiden. Der Stärkere gewinnt in der Auseinandersetzung. |
| 3. Round table | Gemeinsame Diskussionen und Verhandlungen stehen im Mittelpunkt, um eine Lösung zu finden. Kompromiss- und Konsensorientierung bestimmen das Klima der Parteien. Oft wird auch eine dritte Partei oder ein Mediator als Vermittler hinzugezogen. |
| 4. Blick nach oben | Kommen die Konfliktparteien nicht miteinander klar, ruft eine Seite z.B. den Vorgesetzten als „übergeordnete Instanz" an. Hier gehen die Beteiligten davon aus, dass diese Instanz Positionsmacht oder Autorität besitzt, um den Konflikt zu beenden. Dies geschieht dann in der Regel durch Entscheidungen nach „Gesetz und Ordnung", also regelgesteuert. |

Die Art der Konfliktbewältigung kann Teil des Problems sein, wenn z. B. eine Partei den Konflikt kooperativ bearbeiten, die andere ihn aber vermeiden möchte. Im Folgenden eine Reihe von Verhaltensweisen, die der Konfliktbewältigung nicht dienen:

### Verschiebung

Der Konfliktgegenstand tritt in den Hintergrund, scheinbare Lappalien führen zur Auslösung des Konflikts, das eigentliche Thema bleibt verborgen.

*Klaus und Paul streiten über eine Grafik für die Präsentation, statt ihre Zusammenarbeit zu klären.*

### Negativprojektion

Das Negative wird auf den anderen projiziert und verstärkt, indem der andere auf eigene negative Verhaltensweisen wiederum negativ reagiert.

*Klaus hält Paul für machtgierig. Dabei hat er es aber selbst auf die Projektleiterstelle abgesehen. Paul spürt die Aggressionen von Klaus und reagiert auch aggressiv.*

### Verleugnen

Den Kopf in den Sand stecken, der Konflikt wird verleugnet.

*Günter stellte Paul ein, obwohl ihm die Ansichten des Teams bekannt waren. Er hoffte, das Team würde sich schon einigen.*

### Konflikt ausweiten

In den Konflikt werden immer neue Themen, Einzelheiten und Probleme eingebracht. Das erhöht die Quantität und Komplexität des Konflikts. Zugleich neigen die Parteien dazu, den Konflikt aus ihrer Sicht zu vereinfachen und der anderen Seite vorzuwerfen, Dinge zu verdrehen und zu übertreiben.

*Die Projektgruppe streitet über Grafiken, über das Auftreten gegenüber Kunden und dem Vorgesetzten, über Kleidung, Briefe, Methoden usw. Klaus denkt dabei, dass Paul an allen Streitereien Schuld ist.*

### Vereinfachen

Subjektive Meinungen werden zu allgemein gültiger Objektivität.

*Klaus ist nun einmal davon überzeugt, dass seine langjährigen Erfahrungen in der Firma ihm Recht geben.*

### Verstärken

Dritte Personen oder Gruppen werden in den Konflikt hineingezogen.

*Zuerst sind es die Ehefrauen und Partner, dann andere Kollegen, der Chef und schließlich Einzelpersonen aus anderen Abteilungen.*

### Drohgebärden

Drohungen werden ausgesprochen, die die andere Partei provozieren sollen. Dadurch wird auch der eigene Verhaltensspielraum eingeschränkt. Die Konfliktparteien manövrieren sich so in eine Sackgasse.

*Paul droht Klaus, zukünftig alle Kundenkontakte allein zu machen. Was passiert, wenn ein Kunde auch mit Klaus Kontakt haben will?*

### Fixierung

In der Beziehung zum anderen existiert nur noch der Konflikt.

*Kontakte in der Pause und auf dem Tennisplatz sind abgebrochen.*

### Regredieren

Es findet ein Rückfall in unreife Verhaltensweisen, wie Flucht oder Kampf statt; bereits getroffene Vereinbarungen werden wieder hintergangen.

*Günter, der Vorgesetzte, steht nicht zu seiner Zusage, Paul die Projektstelle zu geben. Er vermeidet die Auseinandersetzung.*

### Rationalisieren

Hierbei handelt es sich um ein rein kognitives Vorgehen.

*Karl führt alle Auseinandersetzungen im Projekt auf einen Methodenkonflikt auf der Sachebene zurück. Weder will er über die Beziehungen zu seinen Kollegen sprechen, noch hat er Gefühle, die mit der Sache etwas zu tun haben.*

### Instrumentalisieren

Wenn Sie den Konflikt für Ihre eigenen Interessen nutzen, dann instrumentalisieren Sie ihn.

*Dieter, Projektmitglied, schürt den Konflikt. Wenn Paul die Firma verlässt, wird er dessen Stelle übernehmen – so plant er.*

Drohen, den Kopf in den Sand stecken, dem anderen die Schuld geben und Gewalt anwenden sind allesamt Verhaltensweisen, die durch Konfliktmanagement unterbunden werden sollen. Und dennoch sind sie Bestandteil der Dynamik in einem sich verschärfenden Konflikt.

## Wie verhandeln Sie sachlich?

Wenn Sie Konflikte durch Verhandlungen lösen wollen, konzentrieren Sie sich auf den Gestaltungs- und Handlungsspielraum, den die Konfliktparteien haben. Den können Sie nutzen und optimieren. Setzen Sie sich mit den Zielvorstellungen und Erklärungen der Konfliktparteien auseinander und finden Sie heraus, was die Parteien als gewünschtes Ergebnis anstreben. Dadurch ändern Sie den Blick vom Problem weg und hin zum Ziel und zu einer entsprechenden Lösung.

### Tipps für einen erfolgreichen Verhandlungsstil

- Setzen Sie eigene Gesprächsziele.
- Beziehen Sie Position, indem Sie Ich-Sätze verwenden.
- Nennen Sie die Themenschwerpunkte, die Ihnen wichtig sind.
- Gehen Sie checklisten-orientiert vor und behalten Sie im Blick, inwieweit Übereinstimmung mit Ihren Zielsetzungen herrscht.
- Konzentrieren Sie sich auf Ihre Prioritäten im Gespräch und verrennen Sie sich nicht in Nebendiskussionen.
- Seien Sie sensibel und beobachten Sie Ihren Gesprächspartner und dessen Körpersprache (Mimik und Gestik). Kommunizieren Sie diese Beobachtungen (z. B. „Ich sehe, Sie schütteln den Kopf. Worüber müssen wir noch reden …?“). Sprechen Sie diese nonverbalen Signale an, um sie bearbeiten zu können. Benennen Sie Störfaktoren ebenso deutlich.
- Sprechen Sie gerade in den ersten Minuten Ihr Gegenüber mit Namen an, um durch die Personalisierung Verbindlichkeit in das Gespräch zu bringen.
- Arbeiten Sie in der Gesprächsführung mit offenen Fragestellungen, zwingen Sie Ihr Gegenüber von der Generalisierung zur Konkretisierung des Aspektes, ziehen Sie Zwischenfazits für gemeinsam Erreichtes und holen Sie Feedback von Ihrem Gesprächspartner ein.

Wenn Sie eigene Ziele festlegen, Schwerpunkte setzen und sachlich verhandeln, dann tragen Sie zu einem konstruktiven Gesprächsklima bei. Sie werden aber immer wieder auf zwei andere Varianten des Verhandlungsstils treffen, die kaum konstruktiv aber weit verbreitet sind, der „weiche" und der „harte" Verhandlungsstil.[67] Die Stile unterscheiden sich wie folgt.

### Weich verhandeln

- Die Gesprächspartner betrachten sich als Freunde.
- Sie verfolgen das Ziel der Übereinkunft mit der Gegenseite und machen hierfür einseitige Zugeständnisse.
- Sie sind zu Konzessionen bereit, um die Beziehung aufrechtzuerhalten oder zu verbessern.
- Sie haben eine unklare Einstellung zu den beteiligten Menschen und diskutierten Problemen.
- Dem anderen wird vertraut.
- Die Parteien ändern bereitwillig ihre Positionen.
- Sie unterbreiten Angebote und legen die Verhandlungslinie offen.
- Willenskämpfe werden vermieden.
- Im Vordergrund steht die Suche nach Lösungen, die die andere Seite akzeptieren kann.

### Hart verhandeln

- Die Gesprächsteilnehmer betrachten sich als Gegner.
- Das Ziel ist der Sieg über die andere Seite.
- Konzessionen der anderen Seite sind die Voraussetzung für weitere Verhandlungen; einseitige Vorteile sind der Preis für eine Übereinkunft.
- Die Parteien haben eine harte, rigide Einstellung zu Menschen und Problemen.
- Sie misstrauen den anderen.
- Sie beharren auf den eigenen Positionen.
- Man droht den anderen und setzt Ultimaten.
- Ein Willenskampf muss gewonnen werden.
- Im Vordergrund steht nur die Lösung, die der eigenen Partei nützt.

---

[67] Nach Fisher/Ury 1984, vgl. auch Kapitel „Wie entstehen Konflikte?"

Es widerspricht einem fairen Verhandlungsstil, wenn Parteien rechthaberisch um Positionen feilschen. Die Streitparteien beginnen dabei gern mit einer extremen Position und halten eigensinnig daran fest. Sie täuschen die anderen über ihre wahren Absichten und machen Zugeständnisse nur unter Druck. Andererseits ist nur „nett" zu sein auch kein adäquates Vorgehen. Es besteht dabei die Gefahr, dass man auf die eigenen Ziele und Wünsche verzichtet. Langfristig können Sie sich das aber nicht leisten. Demgegenüber steht der sachorientierte Stil[68], den Sie pflegen sollten, wenn Sie langfristig erfolgreich verhandeln möchten:

### Sachbezogen und interessenorientiert verhandeln

- Die Gesprächsteilnehmer betrachten sich als Problemlösende.
- Sie verfolgen das Ziel eines vernünftig, effizient und gütlich erreichten Ergebnisses.
- Menschen und Probleme werden getrennt behandelt.
- Man ist weich zu den Menschen und hart in der Sache.
- Das eigene Vorgehen ist sachorientiert und unabhängig von Vertrauen oder Misstrauen.
- Die Parteien konzentrieren sich auf die zu Grunde liegenden Interessen, nicht auf die gegensätzlichen Positionen. Die Interessen beider Seiten werden erkundet.
- Man verhandelt offen und flexibel.
- Man sucht nach den Möglichkeiten eines gegenseitigen Nutzens.
- Bevor eine Entscheidung gefällt wird, suchen die Beteiligten nach vielen Lösungsmöglichkeiten für das Problem.
- Im Vordergrund stehen vernünftige, für alle nachvollziehbare Kriterien für eine Lösung.
- Ergebnisse hängen nicht nur vom Willen der einzelnen Parteien ab, sondern von der Übereinkunft über Kriterien.

Jede an einer Verhandlung beteiligte Person hat wenigstens zwei Anliegen: Das eine bezieht sich auf die Sache, die verhandelt wird, den Gegenstand, das andere auf die Beziehung zu dem Verhandlungspartner. Obwohl sich in Auseinandersetzungen beide gern vermischen, sollten

[68] Fisher/Ury 1984

Sie die Aspekte voneinander trennen. Agieren Sie deshalb bei Verhandlungen auf zwei Ebenen: Auf der Sachebene und auf der Beziehungsebene.

Um herauszufinden, wie die andere Seite das Problem auf der Sachebene sieht, sollten Sie eine Person von der Gegenseite direkt ansprechen und darauf achten, wie sie den Sachverhalt darstellt. Was sind wichtige Anliegen der anderen Seite? Was sind ihre hauptsächlichen Streitgegenstände? Welches Vorgehen schlägt sie vor? Auf der Beziehungsebene geht es um die Frage, wie Sie über Ihr Kernanliegen verhandeln wollen: hart, weich oder sachbezogen, bzw. bei welchem Punkt Sie den jeweiligen Stil einsetzen. Dabei geht es um folgende Aspekte[69]:

- **Menschen:** Menschen und Probleme getrennt voneinander behandeln
- **Interessen:** Nicht Positionen, sondern Interessen in den Mittelpunkt stellen
- **Möglichkeiten:** Vor der Entscheidung verschiedene Wahlmöglichkeiten entwickeln
- **Kriterien:** Das Ergebnis auf objektiven Entscheidungsergebnissen aufbauen

Wenn Sie den Fokus auf die Beziehungsebene richten, setzen Sie sich auch mit den Vorstellungen, Wünschen und Befürchtungen der anderen Seite auseinander[70]:

- Versetzen Sie sich in die Lage der anderen – das ist eine unverzichtbare Voraussetzung für konstruktives Verhandeln.
- Leiten Sie die Absichten der anderen niemals aus den eigenen Befürchtungen ab („Die wollen mich nur fertig machen“).
- Schieben Sie die Schuld an Ihren Problemen nicht der Gegenseite zu, vielmehr ist das Problem der Gegenseite Ihr Problem.
- Sprechen Sie über die Vorstellungen beider Seiten.

---

[69] Vgl. Fisher/Ury 1984, 183 f.

[70] Vgl. ders. a. a. O.

- Beteiligen Sie die Gegenseite am Ergebnis – achten Sie darauf, dass Sie sich am Verhandlungsprozess beteiligt und nicht an einem bestimmten Punkt „aussteigt".
- Stimmen Sie Ihre Vorschläge auf das Wertesystem der anderen ab – die Gegenseite soll ihr Gesicht wahren können.
- Versuchen Sie, die Vorstellungen der Gegenseite auf eine neue, ungewöhnliche Art zu nutzen – das weicht alte Fronten und Verhandlungslinien auf.

## Emotionen versus Interessen

### Umgang mit Gefühlen

Oft sind Emotionen im Spiel, das ist menschlich. Erkennen Sie ihre Berechtigung an. Auch die Gegenseite hat ein Recht auf Emotionen. Ihre Gefühle teilen Sie auf angemessene Art in Form von Ich-Botschaften mit: „Es ärgert mich, wenn …"

Gestatten Sie auch der Gegenseite, Dampf abzulassen und reagieren Sie nicht sofort darauf. Beruhigen Sie sich und schaffen Sie Distanz, indem Sie das Gehörte mit eigenen Worten neutral zusammenfassen: „Wenn ich Sie richtig verstanden habe, sind Sie mit meiner Entscheidung nicht einverstanden …". Erst dann kommentieren Sie die Äußerung. Spiegeln Sie auch die Gefühle des Gegenübers, wie Sie sie wahrnehmen. Formulieren Sie es als persönliche Aussage: „Ich habe den Eindruck, Sie sind richtig sauer auf mich …" anstatt dem Gegenüber Gefühle zuzuweisen: „Sie sind wieder so aufgebracht." Der Ton macht die Musik. Die Art, wie Sie sprechen, macht eine Botschaft akzeptabel oder nicht. Sprechen Sie positiv und zwar vom Standpunkt der Gegenseite aus. So können Sie zum Ausdruck bringen, dass Sie sich in die Lage des anderen hinein versetzen. Das wiederum beruhigt diesen. Um Ihre Aussage zu verstärken, können Sie symbolische Gesten einsetzen, z. B. in einer Pause gerade dem Konfliktpartner eine Tasse Kaffee einschenken und sich zu ihm stellen.

### Wie Sie Ihre Kommunikation verbessern[71]

- Hören Sie aufmerksam zu und geben Sie Rückmeldungen.
- Sprechen Sie so, dass man Sie auch versteht.
- Reden Sie über sich, nicht über die Gegenseite.
- Sprechen Sie mit konstruktiver Absicht.

Schaffen Sie eine persönliche aber institutionalisierte Beziehung zur Gegenseite, die Ihr Gegenüber gegen mögliche Verletzungen in der Verhandlung absichert. Strukturieren Sie deshalb eine Verhandlung so, dass die Sachfragen von den menschlichen Beziehungen getrennt thematisiert werden können. Stärken Sie die menschliche Beziehung zur Gegenseite in dem Maße, wie Sie die Sachebene attackieren.

## Darlegen von Interessen

In einer konstruktiven Verhandlung stehen die Interessen der Verhandlungspartner im Vordergrund, nicht etwa Gefühle oder Positionen. Sie müssen Ihre eigenen Ziele kennen und über die Interessen der anderen Seite Bescheid wissen und diese ebenfalls anerkennen, denn sie sind ein Teil Ihres Problems. Das Ziel ist es, Interessen und nicht Positionen aufeinander abzustimmen. Hinter kontroversen Positionen können sowohl gemeinsame und ausgleichbare als auch sich widersprechende Interessen liegen. Um sich mit Ihrem Verhandlungspartner zu einigen, sind neben den gemeinsamen auch die unterschiedlichen Interessen nützlich, denn sie könnten sich ergänzen.

Fragen Sie zu Beginn einer Verhandlung nach gemeinsamen Oberzielen, denn oftmals ist man sich dabei schnell einig. Stellen Sie die Gemeinsamkeiten heraus und sichern Sie diese Übereinkunft ab, indem Sie sie als Zwischenergebnis der Verhandlungen zusammenfassen. Dann haben Sie eine gemeinsame Basis geschaffen, um schwierige Detailfragen zu verhandeln.

---

[71] Ausführlicher in Fisher/Ury 1984, 57 ff.

### Wie finden Sie die Interessen der anderen Seite heraus?

- Stellen Sie „Warum"-Fragen: „Warum legen Sie Wert auf die Darstellung des Konfliktverlaufs?" „Warum soll ich mich bei Ihnen entschuldigen?" „Warum ist Ihnen dieser Aspekt besonders wichtig?"
- Fragen Sie direkt nach dem Interesse der anderen Seite: „Welche Interessen haben Sie in dieser Verhandlung?" „Was ist Ihr Ziel?" „Welche Anliegen verfolgen Sie?"
- Formulieren Sie zielführende Fragen: „Was möchten Sie erreichen?" „Wozu dient das?" „In welcher Weise bringt uns das zum Ziel?" „Was nützt es Ihnen?"

## Wie argumentieren Sie richtig?

### EINSATZ VON ARGUMENTEN

Um gut zu verhandeln, brauchen Sie Argumente. Das Ziel jeder Argumentation ist, den anderen zu überzeugen – nicht zu überreden. Nehmen Sie dafür jeweils eine These, die belegt werden soll. Es lassen sich drei Arten von Thesen unterscheiden:

- Wertung: „Frauen sind die besseren Führungskräfte."
- Appell/Vorschlag: „Ich schlage vor, Paul auf eine andere Stelle zu setzen."
- Behauptung: „Die deutschen Manager sind nicht so risikofreudig wie die Amerikaner."

Jede dieser Thesen muss durch Argumente abgesichert werden. Eine These kann man aber nicht mit einer anderen These begründen: Wir müssen Paul umsetzen (Vorschlag), weil er nicht ins Team passt (Behauptung). Die Annahme, die dahinter liegt, wird in der Argumentation sichtbar gemacht und kann infrage gestellt werden. In diesem Fall lautet sie: „Wenn ein Kollege nicht ins Team passt, muss er umgesetzt werden."

Argumente wirken unterschiedlich überzeugend. Ihre Überzeugungskraft hängt von zwei Dimensionen ab: Richtigkeit und Bedeutsamkeit.

**ÜBERZEUGUNGSKRAFT VON ARGUMENTEN**

| | |
|---|---|
| Richtigkeit | Das Argument kann kaum widerlegt werden da es die „ZDF-Regel" beinhaltet; ZDF = Zahlen, Daten, Fakten. Erfahrungen spielen eine zusätzliche Rolle. |
| Bedeutsamkeit | Haben die vorgetragenen Daten und Fakten für den Gesprächspartner eine Bedeutung, ist die Annahme groß, dass das Argument akzeptiert wird. |

Um also eine These mit Überzeugungskraft zu vertreten, muss man Argumente finden, die nicht nur richtig, sondern auch für das Gegenüber bedeutsam sind, die in seinem Interesse liegen. Andersherum: Um ein Argument in Zweifel zu ziehen, kann man sowohl seine Richtigkeit als auch seine Bedeutsamkeit infrage stellen.

**BESTANDTEILE EINES ARGUMENTS**

| RICHTIGKEIT | BEDEUTSAMKEIT |
|---|---|
| Fakten | Was die anderen interessiert. |
| Statistische Daten | Was in ihrem Sinne ist. |
| Erfahrungen | Was ihre Erfahrungen und Kenntnisse berücksichtigt. |
| Zitate | Was ihren Zielen entspricht. |
| Dokumente | Was ihrem Wertesystem entspricht. |

Wenn sie sich auf eine Verhandlung vorbereiten, machen die meisten Menschen den Fehler, sich überwiegend mit der linken Spalte, der

Richtigkeit, zu beschäftigen: Sie sammeln Daten und Fakten als Belege für ihre Argumente, tragen Zitate zusammen und wälzen Literatur, um die Argumente stichhaltig zu machen. Am Ende haben sie eine den „Gegner erschlagende" Fülle zusammengestellt und halten das für eine gute Vorbereitung. Was aber von diesen vielen Fakten die andere Seite überhaupt interessiert, was eine Bedeutung für sie hat, danach fragen sie nicht. Deshalb ist eine solche Vorbereitung vergeblich, solange sie sich nicht in die Lage des anderen versetzen.

Probleme und Lösungsvorschläge, Appelle und Thesen aus der Sicht des anderen wahrzunehmen, liefert Ihnen Kriterien für die Auswahl der bedeutsamen, gewichtigen Fakten aus der Fülle der möglichen. Deshalb sollten Sie sich in der Vorbereitung vor allem auf die rechte Spalte beziehen und Ihre mögliche Argumentation aus der Perspektive des anderen entwickeln. Weitere Fakten und Belege können Sie im Laufe einer Diskussion immer noch einfließen lassen. Konzentrieren Sie sich im Gespräch darauf, welche Sachverhalte und Fakten der andere annehmen kann, welche bei ihm Widerspruch auslösen. Versuchen Sie seine Reaktionen zu verstehen. Hören Sie zu, wenn er spricht.

## Argumentationstaktik

Das Ziel der Argumentation ist die Überzeugung. Es gibt andere Formen der Übereinstimmung, die in einem Problemlösegespräch bzw. einer Verhandlung hergestellt werden können. Wie kann man das erreichen?

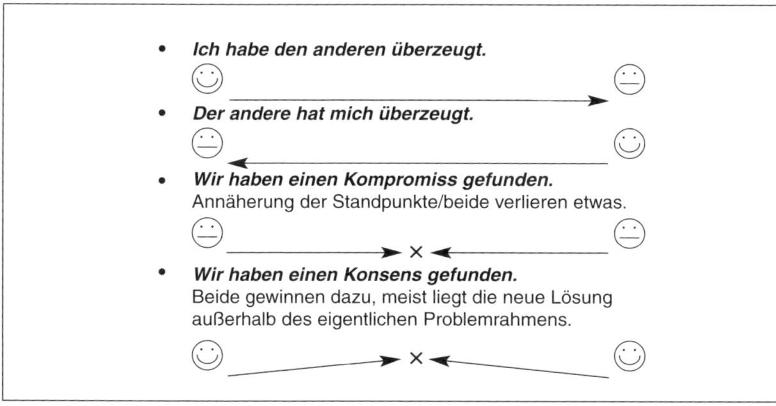


Abbildung 15: Wie Übereinstimmung entsteht

Wenn man einen gemeinsamen Standpunkt nicht auf Anhieb erreichen kann – und das ist in Konflikten schließlich die Regel – dann gibt es nur die Möglichkeit der schrittweisen Annäherung. Das ist harte Arbeit. Man muss auf besondere Weise argumentieren.

## Wie organisieren Sie ein Argument?

Stellen Sie den so genannten „Zwecksatz" heraus: Was ist Ihr Ziel? Was wollen Sie erreichen? Was wollen Sie, dass die anderen denken oder tun? Dann bereiten Sie die Begründungen Ihres Zwecksatzes vor.

1. Zuerst schildern Sie die Ausgangslage oder die zu Grunde liegenden Erfahrungen.

*Ein Teammitglied sagt: „Wir erleben es so, dass Paul immer wieder Konflikte ins Team bringt. Er hat andere Vorstellungen vom Umgang mit den Kunden, kennt die Betriebsinterna nicht und zieht sich immer so komisch an."*

2. Schildern Sie das Ziel:

*„Wir wollen, dass es im Team keine Konflikte gibt, die den Arbeitsablauf stören."*

3. Nun schlagen Sie die Maßnahme vor:

*„Deshalb soll in einem Teamentwicklungsworkshop eine Grundlage für eine weitere und bessere Zusammenarbeit gelegt werden."*

Dieses Vorgehen weicht ab vom üblichen Ablauf eines Argumentes These – Argument – Appell. Über den Zielaspekt (hier: konfliktfreie Zusammenarbeit) kann man sich meistens besser einigen und hat damit in der Diskussion schon eine Gemeinsamkeit und Übereinstimmung hergestellt. Weitere Annäherungen lassen sich daraufhin besser erzielen.

Nun wird sich in einer Konfliktsituation selten jemand gleich überzeugen lassen. Sie müssen also damit rechnen, dass man Ihre Argumente infrage stellt. Wie können Sie mit solchen Entgegnungen umgehen?

## So gehen Sie mit Einwänden um

Grundsätzlich stehen hier zwei Möglichkeiten zur Verfügung: Sie reagieren auf Entgegnungen (reaktiv) oder Sie nehmen mögliche Gegenargumente vorweg (offensiv).

### Taktischer Umgang mit Anfechtungen

| | |
|---|---|
| Paraphrasieren (mit eigenen Worten wiedergeben) | „Wenn ich Sie richtig verstehe ..." „Sie meinen also ..." |
| Verschieben | „Das ist ein spannendes Thema, lassen Sie uns später darauf zurückkommen." |
| Aufwerten | „Der Vorsitzende von XY sagte ebenfalls ..." |
| Ja-Aber-Technik | „Bis zu einem bestimmten Punkt kann ich Ihre Ansicht teilen - nur ..." „Ich verstehe Sie zwar, aber ..." |
| Respektieren | „Ich weiß, dass du anderer Meinung bist und ich respektiere dies. Bitte versuche deshalb auch, meine Sichtweise zu verstehen." |

| | |
|---|---|
| Danken | „Ich danke Ihnen, dass Sie uns auf diesen Aspekt hingewiesen haben.“ |
| Einbeziehen | „Sie hatten vorhin einen Gedanken angesprochen, auf den ich nun zurückkommen möchte.“ |
| Nachfragen/Konkretisieren | „Wenn Sie sagen, dass sei unrealistisch, was meinen Sie damit? Unrealistisch für wen?“ |
| Abschwächen | „Kann schon sein, dass Sie in der Vergangenheit Recht hatten. Aber in diesem besonderen Fall ...“ |
| Leer reden lassen (70:30-Formel) | Den Gegenpartner leer reden und aufmerksam zuhören (Redeanteile 70:30) |
| OFFENSIV | |
| Proaktiv | „Wenn Sie auf dieses Thema kommen wollen, werde ich Ihnen sagen, dass ...“ |
| Spiegeln der Gefühle | „Ich sehe, Sie haben noch Bedenken ...“, „Ich bemerke, dass Sie noch die Stirn runzeln ...“ |
| Kontrafrage | „Was würden Sie in dieser Situation tun?“ |
| Provozieren | „Wie lange wollen Sie uns noch diese Geschichten erzählen?“ |
| Übersteigern | „Wollen Sie damit sagen, dass alle Frauen wegen der Kinder den Beruf aufgeben?“ |
| Distanzieren | „Sie sagten vorhin deutlich, dass ... Ich kann dem nur insofern folgen, dass ...“ |
| Ablehnen | „Nein das trage ich nicht mit.“ |

### Konfliktlösungskompetenz

- Überzeugungsfähigkeit
- Offenheit gegenüber der anderen Seite
- Verhandlungsgeschick
- Problemlösefähigkeit und Kreativität

Damit Sie in stressigen Verhandlungen die Ruhe bewahren und überlegt handeln, können Sie sich ein „Schutzschild" erfinden. Diese Methode sollten Sie zunächst zu Hause einüben, bevor Sie sie in Verhandlungen einsetzen.

### Ihr Schutzschild[72]

1. Vergegenwärtigen Sie sich eine Situation, in der Sie kühl und gelassen reagiert haben, obwohl die Situation turbulent und aufregend war. Tauchen Sie in Ihrer Erinnerung nochmals ganz in diese Situation ein. Was sehen Sie? Was können Sie hören? Vergegenwärtigen Sie sich das Gefühl, dass die Unannehmlichkeiten an Ihnen abprallen.
2. Lassen Sie innerlich das Gefühl wachsen, dass Sie sich schützen können, indem Sie ein unsichtbares Schutzschild um sich herum aufbauen.
3. Vergegenwärtigen Sie sich ein Schutzschild, durch das Sie alles sehen können. Sie können es jederzeit und an jedem Ort aufbauen.
4. Finden Sie selbst einen passenden Satz, eine „Begleitmusik" zu Ihrem inneren Schutzschild.

[72] Berkhan 1995, 216

## Wie finden Sie Optionen?

Bevor Sie eine Übereinkunft suchen oder Entscheidungen treffen, sollten Sie immer verschiedene Wahlmöglichkeiten entwickeln, z. B. mit Hilfe eines Brainstormings oder der Moderationsmethode (Kärtchentechnik). Dabei müssen Sie die Phase, in der Sie Lösungsvorschläge sammeln von der Phase der Beurteilung und Entscheidung trennen. Nur so können Sie auf neue, weitere Vorschläge kommen. Worum geht es?

- Versuchen Sie die Zahl der Optionen zu vermehren, statt nach der „reinen" oder einen Lösung zu suchen.
- Suchen Sie nach Lösungen, die allen Seiten Vorteile bringen.
- Entwickeln Sie Vorschläge, die den anderen die Entscheidung erleichtern.

Die Haupthindernisse hierbei sind[73]

- Ein vorschnelles Urteil.
- Die Suche nach der einzig richtigen Lösung: Menschen sehen ihr Ziel in Verhandlungen oft darin, die Kluft zwischen den Positionen zu verkleinern, anstatt die verfügbaren Optionen zu erweitern.
- Die Annahme, dass der „Kuchen begrenzt sei". Alle Beteiligten begreifen die Situation als ein Entweder – Oder: „Entweder ich kriege das Gewünschte oder du." Das behindert die Suche nach weiteren Optionen. Denn warum sollte jemand weitere Optionen entwickeln wollen, wenn sie alle nur darauf hinauslaufen, den anderen auf Kosten der eigenen Interessen zufrieden zu stellen?
- Die Vorstellung, dass die anderen ihre Probleme selbst lösen sollen.

All die genannten Einstellungen verhindern, dass weitere Optionen und sachdienliche Lösungen gefunden werden.

---

[73] Nach Fisher/Ury 1984, 88 ff.

### Wie können Sie ein Ergebnis herbeiführen?

Zunächst einmal: Erleichtern Sie der Gegenseite die Entscheidung. Welche Bedingungen könnte die Gegenseite unterschreiben, die auch in Ihrem Interesse sind?

**Bauen Sie der Gegenseite eine Zustimmungsbrücke**

- Was lässt sich unter dem Strich gemeinsam festhalten, was für beide tragbar ist?
- Wodurch ist Ihr Vorschlag glaubwürdig? Wie können Sie ihn authentisch „herüber bringen"?
- Auf welche Details kommt es dem anderen besonders an? Was ist Ihnen selbst bedeutsam?
- Möchte die Gegenpartei einen Kompromiss oder Vorschlag selbst vorlegen und eventuell verbreiten?
- Lässt sich die Zahl der Verhandlungspartner minimieren? Zustimmung wird so eventuell einfacher.
- Wie soll das Angebot in der Öffentlichkeit kommuniziert werden?

In allen Verhandlungen gibt es objektive Kriterien, die unabhängig sind vom Willen der beiden Parteien, zum Beispiel Gegenseitigkeit, Tradition, Gleichbehandlung, rechtliche Bedingungen, Kosten, Auswirkungen auf das Image, vorgeschlagene Kriterien von Experten. Sie sollten von beiden Seiten akzeptiert werden.

Es gibt natürlich auch Situationen, in denen Sie mit einer Übermacht der Gegenseite konfrontiert sind, sei es in quantitativer Hinsicht, sei es hinsichtlich des Status der beteiligten Personen. Dann können Sie auch von einem sachbezogenen und interessenorientierten Verhandlungsstil keine Wunder erwarten, z. B. dass Sie die anderen überzeugen[74]. Aber Sie können das Schlimmste verhindern und eine Übereinkunft errei-

---

[74] Vgl. Fisher/Ury 1984

chen, die Ihren eigenen Zielen so gut wie möglich entgegenkommt. Hierzu einige Empfehlungen:

Schützen Sie sich, indem Sie Ihre Grenzen (Limits) nennen: „Ich gehe so weit und nicht weiter". Wenn Sie Bündnispartner haben, sollten Sie ein solches Limit gemeinsam festlegen. Doch Vorsicht: Menschen neigen dazu, die Limits zu hoch anzusetzen, und außerdem kann es sein, dass Sie bei der Fixierung auf dieses Limit eine bessere Alternative aus den Augen verlieren.

*Die Geschäftsleitung streitet hart darüber, wie viele Stellen abgebaut werden sollen. Stattdessen könnte sie darüber nachdenken, ob nicht ein Stellenabbau vermieden werden könnte, wenn die Produktpalette erweitert oder verändert würde.*

Diese beste Alternative ergibt sich nicht von selbst, sie muss hart erarbeitet werden: Erstellen Sie eine Liste von Aktivitäten, wählen Sie die beste und arbeiten Sie sie aus. Ein paar besonders viel versprechende Ideen müssen Sie weiterentwickeln. Und Sie müssen versuchen, die beste auszuwählen. Es geht um das Auswählen der besten Option. Möglicherweise hat auch die Gegenseite eine beste Alternative. Wenn beide Seiten eine attraktive beste Alternative haben, erübrigt sich die Verhandlung, weil es für beide Seiten besser ist, kein Ergebnis zu erzielen. Wenn die Gegenseite Ihnen überlegen ist, ist das Entwickeln Ihrer besten Alternative die vielleicht wirkungsvollste Art, um das Limit weiter nach oben zu bewegen.

Eine Frage wird beim Training eines fairen, sachbezogenen Verhandlungsstils besonders häufig gestellt: Was ist, wenn die andere Seite nicht mitspielt?

### Wenn die andere Seite auf Abwehr geht

- Lassen Sie die Offensive der Gegenseite leer laufen. Gehen Sie nicht darauf ein.
- Beschäftigen Sie sich intensiv mit den Sichtweisen der Gegenseite.

- Wenden Sie die „Als-Ob-Strategie" an: Verhalten Sie sich so, als ob jede Aktion der Gegenseite echt gemeint ist, um zu einem tragfähigen Ergebnis zu kommen.
- Auch Schweigen hilft in angespannten Situationen.
- Ermutigen Sie die Gegenpartei zu einem Perspektiv- und Positionswechsel und zur konstruktiven Kritik: „Wenn Sie an meiner Stelle handeln müssten, was würden Sie dann tun?"
- Reagieren Sie nicht mit vorgefasster Meinung. Fragen Sie lieber intensiv und offen nach! Das hilft bei der Suche nach Lösungsvorschlägen; fertige Konzepte und Standpunktreden provozieren dagegen Ablehnung.

Was aber können Sie tun, wenn die andere Seite nicht verhandeln will, wenn sie an einer gemeinsamen Konfliktbearbeitung nicht interessiert ist? Notfalls sollten Sie die Verhandlungen wohlüberlegt abbrechen. Denn eine für alle akzeptable Lösung kann nur zu Stande kommen, wenn alle Seiten bereit sind, daran mitzuwirken. Versuchen Sie jedoch immer erst, festgefahrene Positionen zu flexibilisieren.

Folgende Handlungsweisen und Methoden haben sich in festgefahrenen Situationen bewährt:

- Die Situation durch Humor auflockern,
- eine Pause einlegen,
- einen Spaziergang machen,
- den Sitzplatz tauschen,
- eine Einzelsitzung einschalten,
- andere Parteien einbeziehen,
- Konfrontation der Parteien,
- Unterstützung, Coaching der Parteien[75].

[75] Altmann u. a. 1999, 91

Allerdings sollten Sie verstehen können, warum die Lösungsmöglichkeiten stagnieren.

Fragen Sie:

- Wurden wesentliche Interessen übersehen?
- Gibt es heimliche Gründe, den Konflikt aufrechtzuerhalten?
- Wurden wesentliche Faktoren ignoriert?
- Ist zunächst eine Entschuldigung, eine Wiedergutmachung, ein Verzeihen erforderlich, um sachlich weiteragieren zu können?[76]

# Wie bearbeiten Sie als Führungskraft Konflikte konstruktiv?

Erinnern Sie sich noch einmal an den Verlauf eines Konflikts. In den ersten Phasen können die Parteien den Konflikt noch selbst bearbeiten. Sie sind davon überzeugt, dass der Konflikt im Gespräch rational bewältigt werden kann. Die Beteiligten streben dabei für alle Seiten einen Gewinn an (Win-Win-Strategie). Nicht immer wird das einfach sein, dann hilft die Unterstützung durch eine neutrale dritte Partei, die die Problemlösegespräche moderiert. Die Konfliktmoderation beschränkt sich dabei zunächst auf eine eher kurzfristige Unterstützung.

## Sieben Schritte der Konfliktbearbeitung

Zur Konfliktbewältigung in den ersten Phasen bietet sich ein Verfahren in sieben Schritten an, das beiden Parteien eine Niederlage ersparen soll.

[76] Vgl. Altmann u. a. 1999, 91

**KONFLIKTE BEARBEITEN IN SIEBEN SCHRITTEN**[77]

| | |
|---|---|
| 1. Die Störung wird genannt | Der Konflikt wird in Form von Ich-Botschaften genau beschrieben und eingegrenzt. Nutzen Sie im zwischenmenschlichen Bereich dazu die Konfrontationsformel (vgl. Kapitel „Welche Konflikte haben Führungskräfte?"). |
| 2. Die dahinter liegenden Bedürfnisse werden geäußert und Störungen in Wünsche umformuliert | Das Ziel der Konfliktbearbeitung wird formuliert. Es muss zum Ausdruck kommen, dass eine gemeinsame Lösung gefunden werden soll, die für alle Seiten annehmbar ist. Eine Konfliktmoderation oder Mediation kann dieses Vorgehen absichern. |
| 3. Brainstorming für mögliche Lösungen | Mögliche Lösungsvorschläge werden gesammelt. Sie dürfen jetzt auf keinen Fall bewertet oder kommentiert werden (Regeln für kreative Gruppenarbeit beachten!). |
| 4. Ideen werden bewertet | Die gefundenen Lösungen werden kritisch geprüft: Was ist brauchbar, machbar, zumutbar? |
| 5. Einigung auf eine Lösung | Jetzt wird die Entscheidung für die Lösung getroffen, die alle am ehesten annehmen können. (Sie ist unter sachlichen Gesichtspunkten nicht immer zugleich die beste Lösung.) Die Bedingungen, wie diese Lösung umgesetzt wird, sollten genau festgelegt und schriftlich festgehalten werden. Die Lösung muss nicht endgültig sein, man kann auch zunächst einen „Probelauf" vereinbaren. |
| 6. Realisieren | Die vereinbarte Maßnahme wird durchgeführt, die entsprechenden Verantwortlichkeiten festgelegt (wer macht was, wann?). |
| 8. Controlling | Nach einem festgelegten Zeitraum wird geprüft, ob die Lösung funktioniert hat, ob die Beteiligten sich daran gehalten haben. Diese Rolle muss eine neutrale dritte Partei übernehmen. |

Eventuell müssen weitere Konfliktgespräche geführt werden.

[77] Vgl. Lumma 1992, 37 f.

Auf weiteren Eskalationsstufen, wenn die Parteien eine Gewinner-Verlierer-Strategie verfolgen, muss interveniert werden, indem eine dritte Instanz in Form von Schieds- und Gerichtsverfahren eingeschalten wird. Weniger aufwändig ist die Mediation, ein Verfahren zur Konfliktbewältigung mit externer Hilfe (vgl. Kapitel „Mediation“). Auf den letzten Eskalationsstufen, wenn es den Parteien darum geht, das Gegenüber zu vernichten und sie dafür sogar zur Selbstzerstörung bereit sind, kann nur der Eingriff einer übergeordneten Instanz helfen. Sie wird mittels ihrer Autorität Regeln durchsetzen und deren Überschreiten sanktionieren.

Auf jeder Stufe der Eskalation nimmt eine konstruktive Selbstregulierung der Konfliktparteien ab und Interventionen von Dritten, z. B. Vorgesetzten, werden notwendig. Dabei nimmt auch die Beteiligung der Konfliktparteien an der Lösung ab, bis schließlich die dritte Instanz eine Lösung mit Macht durchsetzt.

Im eingangs skizzierten Konflikt in Günters Abteilung zeigt sich, wie die Beteiligten versuchen, den Konflikt beizulegen, und wie sie scheitern. Zur Erinnerung:

*Günter ist auf dem Weg zur Arbeit. Er erwartet, dass Mitarbeiter aus seinem Team in der Teamsitzung erklären, dass sie mit Paul nicht zusammenarbeiten wollen. Hier hat Günter als Vorgesetzter die Möglichkeit, den Konflikt nach den sieben Schritten der Konfliktbearbeitung zu moderieren. Er tut es nicht.*

*Die gemeinsame Sitzung verläuft dramatisch: Paul fällt aus allen Wolken, weil Günter ihm die zugesagte Projektstelle wieder entziehen will. Da es nie zuvor eine Kritik des Vorgesetzten an seinem Verhalten und Auftreten gab, hatte er nicht mit so etwas gerechnet. Die Kollegen sind daher in der Situation, Vorfälle verdrehen und übertreiben zu müssen, um Pauls Ausschluss aus dem Projekt überhaupt plausibel zu machen. Es kommt zu Anschuldigungen und Drohungen: „Wenn der kommt, machen wir nicht mehr mit.“ Paul gerät in die schwächere Position, weil die anderen ihm zahlenmäßig überlegen sind und Günter als Chef ihn nicht unterstützt. Günter ist hilflos: „Was soll ich denn tun, wenn die anderen nicht mit Ihnen arbeiten wollen?“ Damit hat er die Position der anderen Partei akzeptiert. Der Ruf nach externer Konfliktmoderation wird laut. Ein Projektmitglied schlägt einen Bekannten als Moderator vor. Ohne Gegenvorschläge wird der akzeptiert und in einer Folgesitzung hinzugezo-*

*gen. Obwohl der Moderator fair und konsequent agiert, ist der Konflikt auf diesem Wege nicht beizulegen. Günter, der Vorgesetzte, ist an dieser Sitzung beteiligt. Die Konfliktparteien werfen sich nun gegenseitig unfaires Verhalten vor, aber das Verhalten des Vorgesetzten bleibt ausgeblendet. Bisher hat Günter noch keine klare Entscheidung getroffen. Es scheint, als wolle er die Moderation nutzen, um mehr Argumente für Pauls Ausschluss aus dem Projekt zu sammeln. Nach dieser Sitzung macht er Paul dann klar, dass – abweichend vom mündlich zugesagten Kontrakt – Paul sich in einer Anwärterposition erst noch weiter bewähren müsse. Günter wolle sich dann seine Übernahme auf eine Projektstelle noch einmal überlegen. Bis dahin werde jemand anders die Projektstelle wahrnehmen. Für Paul ist dieser Vorschlag unannehmbar. Er schaltet nun einen Rechtsanwalt ein.*

## Intervenieren Sie rechtzeitig!

Bewältigungsstrategien dieser Art sind leider weit verbreitet. Sie sind aufwändig und teuer und führen nur selten dazu, dass die Beteiligten die erfahrenen Verletzungen innerlich verarbeiten können. Selbst wenn Paul vor Gericht in der Sache Recht bekommt, bleibt die Beziehung zu den Kollegen gestört und eine Zusammenarbeit ist nicht mehr möglich.

Damit jemand den konstruktiven Stil beibehält, müssen die Nachteile seines Verhaltens größer sein als die Vorteile. In diesem Fall müssen die Nachteile, die entstehen, wenn er die nächste Eskalationsstufe öffnet, für ihn größer sein als die Vorteile, die eine konstruktive Regulierung des Konflikts für ihn hätte. Die eigene Stärke in der Eskalation richtig abzuschätzen, ist daher eine wichtige Voraussetzung, um überhaupt Konflikte austragen zu können.

Für Führungskräfte bedeutet das, dass sie in einen aktuellen Konfliktverlauf am Anfang nicht unbedingt selbst eingreifen müssen. Sie können die Konfliktbearbeitung in das betroffene System zurück delegieren und auf dessen Selbstheilungskräfte bauen, sie bestärken und mit einem konkreten Auftrag stützen. Das Ergebnis dieses Auftrages muss aber unbedingt kontrolliert werden, sonst wird das Vorgehen als Führungsschwäche ausgelegt. Erst wenn dieses Vorgehen scheitert, ist es erforderlich, sich als Vorgesetzter weiter zu engagieren, zunächst als Moderator, dann als Schlichter (Mediatoren) und zuletzt mit einer klaren Machtentscheidung.

**VIER RICHTUNGEN VON INTERVENTIONEN[78]:**

| | Deeskalierend | Eskalierend |
|---|---|---|
| **Präventiv** | Vereinbaren von Kommunikationsspielregeln;<br>Konflikttrainings. | Sorgen, Ängste und Unterstellungen werden gezielt (eventuell in Anwesenheit einer dritten Person) angesprochen;<br>Konfrontationssitzungen werden eingeführt, um zu verhindern, dass ein latenter oder bestehender Konflikt kalt gemacht wird. |
| **Kurativ** | Der Konfliktverlauf wird rekonstruiert und geklärt;<br>die Konfliktparteien klären ihre unterschiedliche Wahrnehmung des Konflikts, ihre Ziele und Interessen. | Dramatisieren Sie bestehende kalte Konflikte; ermutigen Sie die Betroffenen, sich für ihre Interessen stark einzusetzen. |

Eine ausführliche Darstellung der einzelnen Möglichkeiten der Intervention finden Sie im Kapitel „Wie beugen Sie Organisationskonflikten vor?“.

# Konfliktmoderation

In die Rolle eines Konfliktmoderators können Sie leichter geraten, als Sie denken, und zwar als Diskussionsleiter, Führungskraft, Ausbilder oder in anderen Funktionen der Gruppenleitung, z. B. wenn aktuelle Aufgaben nicht bearbeitet werden, weil es Streit gibt; wenn Informationen nicht weitergegeben werden; wenn jemand neuerdings auffällig häufig der Arbeit fern bleibt oder nur noch Außentermine wahrnimmt – all das können Anlässe für eine Konfliktmoderation sein. Aus der

---

[78] Nach Glasl 1992, 92

Leitung einer Diskussion kann dann mehr oder weniger explizit eine Konfliktmoderation entstehen.

Interne Konfliktmoderation ist eine Führungsaufgabe. Sie kann nur gelingen, wenn Sie als Moderator oder Moderatorin den Parteien gegenüber eine neutrale Position einnehmen und wenn die Parteien Sie in dieser Rolle anerkennen. Wenn Sie sich auf die Seite einer Konfliktpartei schlagen, steigt die andere Partei sofort aus dem Problemlöseprozess aus und boykottiert das Vorgehen oder die gefundenen Lösungen. Mit anderen Worten: Sie können kein Konfliktgespräch moderieren, wenn Sie selbst involviert sind und offen oder insgeheim einer der Parteien Recht geben.

Für den Moderator gehört es zu den Basisfertigkeiten, die drei Grundpositionen (A – B – C) im Konflikt einnehmen zu können: Verständnis für die Position jeder beteiligten Konfliktpartei (Position A und B), für ihre Wünsche, Befürchtungen, „wunden Punkte" und Interessen sowie selbstverständlich die Position des neutralen Dritten (C) (vgl. Kapitel „Wie handeln Sie als fairer Konfliktpartner?). Aus dieser Position steuern Sie die Kommunikation in der Gruppe bzw. zwischen den Konfliktparteien. Das Ziel ist eine kooperative und gemeinschaftliche Problemlösung.

## Welche Aufgaben gehören zur Moderation?

Konfliktmoderation ist einfach, wenn die kooperativen Interessen der Beteiligten ausgeprägt sind. In der Moderation stellen Sie sich dann quasi als Geburtshelfer einer angemessenen Lösung in den Dienst der Gruppe. Ihre Aufgabe ist es nicht, Lösungen vorzugeben, Sie sind lediglich für den Kommunikations- und Einigungsprozess verantwortlich. Sie sorgen dafür, dass die gefundenen Lösungen und Absprachen verbindlich werden. Dazu kann man sie zum Beispiel schriftlich festhalten und ein Controlling vereinbaren.

Der Schwerpunkt in der Konfliktmoderation liegt auf den Gegenständen (Themen) des Streits und den Sichtweisen der Parteien.

### Aufgaben der Konfliktmoderation

- Zielorientiert vorgehen,
- Struktur geben und einhalten (Regeln, Vorgehen und Zeiten),
- Aufbau einer vertrauensvollen Atmosphäre mit fairen und transparenten Regeln, Stress reduzieren,
- Übersicht und „Oberhand" bewahren,
- Klärungshilfe geben: „Übersetzen" von Konfliktpartei A nach B und umgekehrt,
- „Gesichter" der Parteien wahren helfen,
- Optionen erweitern, den „Kuchen vergrößern",
- gemeinsame Interessen herausarbeiten,
- nach Vorteilen für beide Seiten suchen.

### Wahrnehmungen der Parteien

Arbeiten Sie Folgendes heraus:

- Wie nehmen die Parteien den Konflikt wahr?
- Wie nehmen sie die andere Seite wahr?
- Wie beurteilen sie ihr eigenes Vorgehen und Verhalten im Konflikt?
- Wie sehen sie die vorgebrachten Themen und Lösungsvorschläge?

### Szenen

Der Problemlöseprozess umfasst dabei folgende Szenen:

### Szenen der Konfliktbearbeitung

Szene 1: Erstgespräch zur Ist-Analyse

Szene 2: Konkretisierung des Themas

Szene 3: 360-Grad-Gesprächsradar, um alle erkennbaren Sichtweisen herauszuarbeiten.

Szene 4: Alternativ- und Lösungsvorschläge

Szene 5: Plausibilitätscheck: Lösungen werden auf Realisierbarkeit geprüft

Szene 6: Aktionsplan: Verbindliche Handlungsschritte vereinbaren

Szene 7: Implementation der Vereinbarung

Szene 8: Controlling: Reflexion und Rückmeldung

**Szene 1**: Was war der Anlass für eine Konfliktmoderation? Welche Befürchtungen und Erwartungen haben Sie? Ist es o.k. für Sie hier zu sein, obwohl die Initiative nicht von Ihnen ausging?

**Szene 2:** Was müssen wir heute besprechen? Was ist Ihnen wichtig? Worauf kommt es Ihnen heute an?

- Thema: Was ist konkret das Problem?
- Gründe: Was verursacht den Konflikt/die Störung? Was vermuten Sie?
- Konsequenzen: Wir wirkt sich das aus?
- Emotionen: Welche Emotionen sind zu beachten? Wie geht es Ihnen gefühlsmäßig?

**Szene 3:** „Wie ist das für Sie?“ „Was sagt die andere Seite dazu?“

**Szene 4:** Wenden Sie Problemlöse- und Kreativitätstechniken ein, z. B. Brainstorming oder Moderationsmethode. Vermeiden Sie, dass Vorschläge an dieser Stelle bereits bewertet oder abgewertet werden.

**Szene 5:** Öko-Check, Plausibilitätsprüfung anhand folgender Kriterien. Ein Vorschlag kann jedoch niemals alle Kriterien erfüllen:

- Welcher Vorschlag lässt sich realisieren?
- Welcher ist leicht machbar?
- Welcher Vorschlag ist kostengünstig?
- Für welchen Vorschlag liegen bereits positive Erfahrungen vor?
- Welcher Vorschlag wird von vielen unterstützt?
- Mit welchem Vorschlag kommen wir dem vereinbarten Ziel nahe?
- Mit welchen Bedenken und Widerständen muss gerechnet werden?

**Szene 6:** Wer macht was, wann, mit wem?

In einem Aktionsplan machen Sie die gefundenen Lösungen verbindlich.

**AKTIONSPLAN**[79]

| Schritt | Partei | Aufgabe |
|---|---|---|
| 1 | Günter | Entschuldigt sich bei Paul, weil er seine Zusage nicht gehalten hat |
| 2 | Klaus | Führt ein direktes Gespräch mit Paul und teilt seine Vorbehalte mit |
| 3 | Paul | Hört zu und akzeptiert die Einschätzung des anderen |
| 5 | Das Team | Legt in einem Workshop zur Teamentwicklung die Bedingungen der Zusammenarbeit fest |
| 6 | Paul | Entscheidet, ob er weiter in dem Team arbeiten möchte |

**Szene 7:** Die Konfliktparteien setzen die vereinbarten Handlungsschritte um. Zu einem zuvor gemeinsam vereinbarten Zeitpunkt trifft man sich eventuell nochmals mit dem Moderator/der Moderatorin.

---

[79] Das Schema findet sich bei Altmann u. a. 1999, 81

**Szene 8**: In dieser Besprechung sind folgende Fragen zu:

- Haben sich alle an die Vereinbarungen gehalten? Wenn nein, warum nicht?
- War die gefundene Lösung umsetzbar?
- Was muss verbessert oder nachgearbeitet werden?
- Welche Unterstützungen müssen gegebenenfalls aktiviert werden?
- Welche Störungen und Widerstände müssen gegebenenfalls noch bearbeitet werden?

Vor der eigentlichen Problembearbeitung müssen allerdings einige Grundvoraussetzungen berücksichtigt werden:

### Aufbau einer vertrauensvollen Atmosphäre

Konflikte können nicht nebenbei und unter Zeitdruck und Hektik oder lediglich in Besprechungspausen bearbeitet werden. Sie verlangen einen eigenen Rahmen, eine eigene Tagesordnung und besondere Regeln. Die Parteien müssen sichergehen können, dass sie vor Aggressionen geschützt und fair und gerecht behandelt werden. Vertrauen entsteht, indem Sie

- einen möglichst neutralen Ort für das Treffen vorschlagen,
- mit genügend Zeitressourcen arbeiten,
- möglichst keine Unterbrechungen oder Störungen des Gespräches zulassen (Telefone umleiten, Handys ausschalten!),
- offen die Art und Weise der Moderationsunterstützung vorstellen, Methoden einführen,
- die gegenseitigen Rollen und Erwartungen klären,
- die Erwartungen an den Moderator/Moderatorin gegebenen Falls hinterfragen,
- verbindlich auf Neutralität achten,
- nicht wertend oder (ver)urteilend sprechen oder handeln.

### Raum und Zeit

Rufen Sie die Konfliktparteien auf neutralem Boden zusammen. Bei der Sitzordnung sollten die Parteien, wenn möglich, nicht gegenüber sitzen müssen, denn das unterstützt die Frontenbildung. Günstig ist es, wenn die Parteien im Halbkreis oder nebeneinander sitzen, so dass sie gemeinsam einen Blick auf eine Moderationswand oder ein Flipchart werfen können. Das unterstützt das Problemlösen.

Achten Sie darauf, dass Sie auch optisch eine neutrale Position zu den Parteien wahren.

Für eine Konfliktsitzung mit zwei Personen sollten Sie wenigstens eineinhalb Stunden ansetzen. Sind mehrere involviert, brauchen Sie mehr Zeit. Zur Klärung von Konflikten im Team empfehlen sich Workshops oder Teamentwicklungstrainings.

### Rollenklärung

Der Moderator klärt die Erwartungen, die die Gruppe an ihn richtet, und stellt seine eigene Rolle dar. Er ist nicht Experte für eine bestimmte Lösung, sondern verantwortlich für den Prozess der Problembearbeitung.

### Methodenklärung

Vertrauen entsteht ebenfalls, wenn das Vorgehen in der Moderation transparent ist. Die Beteiligten müssen wissen,

- an welcher Stelle des Weges sie sich befinden,
- wo das Ziel ist,
- wie es weitergeht.

Es macht Sinn, Regeln zu vereinbaren, die einen fairen Umgang der Konfliktparteien garantieren. Auch der zur Verfügung stehende Zeitrahmen und das Ziel der Konfliktmoderation müssen explizit genannt und vereinbart sein. Es soll gemeinsam eine Übereinkunft erarbeitet und abgesichert werden, z. B. indem die Ergebnisse zusammengefasst und die Zustimmung abgefragt wird.

### Interventionen

Der Moderator bzw. die Moderatorin steuert durch zielführende Fragen und Zusammenfassungen. Mit offenen Fragen wird nach Informationen, Meinungen und Gefühlen gefragt und diese einem Gespräch zugänglich gemacht: „Welche Ansicht vertreten Sie zu diesem Streitpunkt?“, „Welche Befürchtung haben Sie?“. Mit geschlossenen Fragen wird Zustimmung abgerufen: „Haben Sie verstanden, was die andere Seite meint?“, „Sind Sie mit dem Vorgehen einverstanden?“.

In das Repertoire der Konfliktmoderation gehören noch weitere Interventionen:

### Interventionen

- Einfache Fragen.
- Zusammenfassen des Gehörten mit eigenen Worten und Spiegeln der Erlebnisinhalte/Gefühle der Beteiligten (aktives Zuhören und spiegeln).
- Zusammenfassen und Ordnen des Gehörten (strukturieren).
- Übertreiben des Gesagten, um die Aufmerksamkeit auf Unklarheiten zu lenken (drastifizierendes Zuhören).
- Unterstellen des Gegenteils von dem Gesagten, weil es Erstaunen hervorruft (Kontrastsuggestion).
- Beispiele nennen lassen, falls das Gespräch zu allgemein und unverbindlich verläuft (Konkretisierung).
- Übergeordnete Ziele herausarbeiten: Oberziele definieren, wenn die Beteiligten sich in Details verlieren; den Blick auf das Ganze lenken (Zielorientierung).
- Schlüsselbegriffe aufgreifen.
- Widersprüchlichen Gefühlen Raum geben, Widersprüche thematisieren (Konfrontation).
- Die Beiträge einer Konfliktpartei in einer nicht wertenden Sprache ausdrücken (Übersetzungshilfe).

Vergegenwärtigen Sie sich bitte die vielfältigen Dimensionen eines Konflikts (Abb. 5: Die Dimensionen eines Konflikts):

- die Sache, über die gestritten wird,
- die beteiligten Personen/Parteien,
- die Beziehung, in der sie zueinander stehen,
- das Umfeld, in dem sich der Konflikt abspielt.

Alle Dimensionen lassen sich durch Fragen klären, z. B.:

- **Sache**: Welche Informationen zur Sache sollten alle haben, möchten Sie mitteilen?
- **Personen**: Was möchten Sie über Ihre Interessen, Anliegen, Wünsche, Befürchtungen mitteilen?
- **Beziehung**: Wie stehen Sie zur anderen Seite? Wie bewerten Sie Ihre Beziehung?
- **Umfeld**: Welche Rahmenbedingungen sind zu berücksichtigen?

Zielführend werden diese Fragen, indem Sie das Gespräch von der reinen Analyse wegentwickeln zu gemeinsamen Interessen und Zielen: Welche Übereinstimmungen bei Interessen, Vorgehensweisen und Zielen sehen die Beteiligten? Welche Interessen lassen sich wie miteinander verbinden? Was ist das gemeinsame Ziel? Auf welche Teilziele können sich die Beteiligten verständigen?

Dabei sind folgende Grundprinzipien zu beachten:

Störungen haben Vorrang. Bevor man das Thema auf der Sachebene problematisieren kann, müssen eventuelle Befindlichkeiten auf der persönlichen Ebene, im Erleben der Parteien oder gewisse Irritationen auf der Beziehungsebene geklärt werden. In diesem Fall gilt, dass Beziehungsklärung vor Sachklärung kommt. Andernfalls ist keine konstruktive Zusammenarbeit möglich. Fragen Sie nach den Erwartungen, die die Parteien an die andere Seite und sich selbst richten.

Widerstände haben Vorrang. Zuerst muss klar sein, ob die Parteien überhaupt bereit sind, gemeinsam eine Lösung zu erarbeiten. Wenn das nicht der Fall ist, ist eine Konfliktmoderation nicht geeignet. Wenn Widerstände auf dem Weg der Lösung auftauchen, müssen sie thematisiert werden. Aber in der Moderation ist, anders als in einer tiefer gehenden, therapeutisch orientierten Prozessbegleitung, eine ausgiebige und oft zeitintensive Bearbeitung der psychologischen Hintergründe nicht das Hauptinteresse. Dagegen helfen hier zielführende Fragen, z. B.:

„Was kann die andere Partei/der Moderator/eine andere Instanz tun? Was können Sie selbst tun, um den Widerstand zu überwinden?“ „Welche Hilfe/welche Bedingungen wünschen Sie?“

Die Suche nach Ursachen in der Vergangenheit ist dabei nicht das Wichtigste, denn das Hier und Jetzt hat Vorrang. Was können die Beteiligten jetzt tun, um das Problem zu bewältigen? Welche Erfahrungen aus der Vergangenheit sind für diese aktuelle Situation hilfreich, welche eventuell hinderlich? Wie erleben die Parteien sich jetzt aktuell während der Konfliktmoderation?

Übergeordnete Ziele haben Vorrang. Es ist leichter vom Allgemeinen zum Besonderen vorzugehen als umgekehrt.

Achten Sie darauf, dass die Parteien die Konfliktmoderation in jeder Sitzung abschließen können. Sie sollen keinen negativen Ballast mit nach Hause nehmen müssen. Um das zu klären, eignen sich folgende Evaluationsfragen zum Abschluss jeder Sitzung:

- Wenn Sie die Sitzung Revue passieren lassen, wie fühlen Sie sich jetzt?
- Was hat sich an dem Verhältnis zu den anderen geändert?
- Wie stehen Sie jetzt zum Problem? Was ist jetzt anders?
- Wie beurteilen Sie den Prozess der heutigen Konfliktbearbeitung?
- Wie beurteilen Sie die erreichten Ergebnisse / Zwischenergebnisse der Verhandlung?

Beachten Sie auch: Dem Moderator/der Moderatorin muss wohl in seiner Haut sein. Wenn Sie selbst in den Konflikt involviert sind, können Sie nicht moderieren. Sie sollten dann unbedingt eine externe Moderation durchführen lassen, in der sie selbst eventuell sogar als Konfliktpartei mitarbeiten. Externe Moderation ist ebenfalls notwendig, wenn Sie sich wegen der Komplexität eines Konflikts oder aus anderen Gründen überfordert fühlen oder wenn Sie nicht genügend Zeit dafür haben. In jedem Fall gehört das Konfliktmanagement in Ihren Aufgabenbereich als Führungskraft.

## Externe Konfliktmoderation

Ein externer Moderator braucht einen klaren Auftrag. In vielen Fällen wird ihm sogar das Ziel vorgegeben. Beispiele sind: Die Parteien sollen zu einer Lösung finden; die Parteien sollen gemeinsam beschließen, welche Arbeitsbereiche wegfallen können; die Parteien sollen miteinander kooperieren und dafür Bedingungen der Zusammenarbeit vereinbaren. Ein Prozess mit den Betroffenen zur Zielfindung entfällt in diesen Fällen. Es werden lediglich die Bedingungen für die Zielerreichung und die Schritte dahin erarbeitet und verbindlich festgelegt.

Wenn die Parteien das vorgegebenen Ziel nicht akzeptieren und auch keine Bedingungen für die Akzeptanz der Vorgaben erarbeitet werden können, kann der Moderator seinen Auftrag nicht erfüllen. Er muss dann den Prozess abbrechen, bzw. er wird die Moderation nicht durchführen. Das teilt er den Beteiligten und dem Auftraggeber umgehend mit. Die Konfliktparteien gehen bei einer Weigerung zur Zusammenarbeit das Risiko ein, dass vorgegebene Ziele mit anderen Mitteln und ohne Beteiligung der Betroffenen umgesetzt werden.

# Mediation

In der Mediation[80] geht es um Vermittlung, Ausgleich und Versöhnung. Ein neutraler Dritter versucht hier, den sich im Streit befindenden Parteien zu helfen, eine Lösung zu erarbeiten. Er hat dabei keine Entscheidungsgewalt.

[80] nach Altmann u. a. 1999

Ziele der Mediation sind

- ein zukünftiges Zusammenarbeiten (Kommunizieren und Kooperieren) zu ermöglichen,
- den Kooperationsgewinn nach dem Gewinner-Gewinner-Prinzip zu fördern,
- die Förderung der Auseinandersetzung,
- das Beschreiten neuer Wege bei der Konfliktbearbeitung,
- Hilfe zur Selbsthilfe,
- Autonomie und Selbstbestimmung der Parteien.

Mediation kann nur auf der Basis von Freiwilligkeit gelingen. Soweit ähnelt es der Moderation. Im Unterschied zur Moderation geht ein Mediator aber direktiver vor. Seine Aufgabe ist es, Ungleichgewichte der Macht und in der Verhandlung auszugleichen.

Mediatoren müssen die Kontrolle über den Gesprächsablauf behalten, aber nicht notwendigerweise über den Inhalt. In problematischen Situationen – wenn beide Parteien gleichzeitig reden, sich unterbrechen oder zu lange reden – können Sie folgendermaßen eingreifen:

## So sichern Sie sich die Kontrolle[81]

- Kurze chaotische Pausen aushalten.
- Falls nötig, stark direktiv sein: einen Streit übertönen, auf den Tisch schlagen, aufstehen ...
- Jede Person fragen, ob man weitermachen soll. Nur fortfahren, wenn alle zugestimmt haben.
- Störende Personen zur Ordnung rufen und auf Grundregeln aufmerksam machen.
- Unterbrechen, wenn die Person bereits genügend Zeit hatte, ihre Sicht darzustellen, oder wenn sie anderen ins Wort fällt.
- Niemanden dominieren lassen.

---

[81] Besemer 1994, 84

- Eine Pause machen und Einzelgespräche führen.
- Die Mediation unterbrechen oder abbrechen.

In der Durchführung unterscheidet sich die Mediation ebenfalls von der Moderation. In der Moderation ist es nicht üblich, die Parteien voneinander zu trennen, um mit ihnen einzeln zu verhandeln. Die Moderation ist ein Verfahren für Gruppen. In der Mediation dagegen sind Einzelverhandlungen in den Prozess eingeplant.

## Der Mediationsprozess[82]

### 1. Erster Kontakt und Vorbereitung

Dieser Kontakt kommt zwischen einem Auftraggeber und dem Mediator oder der Mediatorin zu Stande. Es geht darum, im Vorfeld wichtige Informationen zu sammeln und den Auftrag zu präzisieren. Die Bedingungen für die Mediation werden ausgehandelt: Kosten, zur Verfügung stehende Zeit, mögliche Lösungen des Konflikts u. a. Halten Sie die gewonnenen Informationen möglichst schriftlich fest. Der Mediator betont beim Erstkontakt seine Rolle als kompetenter Unparteiischer.

### 2. Eröffnungstreffen

Bei der ersten Begegnung mit den Betroffenen geht es darum, eine positive Beziehung zwischen dem Mediator und den Parteien aufzubauen und Rollen und Verantwortlichkeiten sowie Ziel und Vorgehen zu klären.

Der Mediator nennt den Anlass des Treffens und teilt mit, welche Informationen er bereits hat. Es darf auf keinen Fall der Eindruck entstehen, dass er hinter dem Rücken der Konfliktparteien agiert. Er macht seinen Auftrag explizit, z. B. die Trennung der Konfliktparteien. Es ist unbedingt notwendig, die Ziele und Wege zum Ziel mit den Betroffe-

---

[82] Nach Altmann u. a. 1999, 67 ff.

nen abzustimmen. Hierzu muss der Mediator ihre Zustimmung abfragen.

Er muss sich ebenfalls ihre Zustimmung zu seiner Rolle und Aufgabe einholen. Wenn eine der Parteien ihn nicht akzeptiert, kann er die Mediation nicht durchführen. Er sichert den Parteien absolute Vertraulichkeit zu und zwar hinsichtlich Außenstehender und Auftraggeber sowie gegenüber der jeweils anderen Konfliktpartei, wenn er Informationen in Einzelgesprächen gewonnen hat.

Notwendig ist es auch, den Prozess der Mediation zu erklären. Zum einen ist die Mediation in Deutschland noch ein junges Verfahren der Konfliktbewältigung in Organisationen, und daher relativ unbekannt, zum anderen stellt der Mediator damit auch Transparenz und Vertrauen bei den Konfliktparteien her. Er macht klar, dass Einzelgespräche Bestandteil des Verfahrens sind. Alle Informationen, die er dabei gewinnt, teilt er nur auf Wunsch oder bei Zustimmung der anderen Konfliktpartei mit. Ziel der Mediation ist eine Übereinstimmung der Parteien, die in einer Vereinbarung schriftlich festgehalten und von allen unterzeichnet wird. Hierzu ist die aktive Mitarbeit der Parteien erforderlich und der Mediator ermutigt die Parteien dazu.

In dieser ersten Sitzung achtet er besonders auf die Befindlichkeiten der Parteien, auf mögliche Störungen und „wunde Punkte“, die sich oft nonverbal zeigen. Kooperatives Verhalten wird vom Mediator in der aktuellen Situation unterstützt.

### 3. Einzeltreffen mit den Parteien

Wie schon gesagt, ist strikte Vertraulichkeit der oberste Grundsatz. Es gehen keine Informationen aus dem Gespräch an die andere Seite. Ziel der Gespräche ist es, Informationen zum Konflikthergang und zu möglichen Lösungen zusammenzutragen und vor allem Vertrauen aufzubauen. Dabei hilft es, wenn Sie sich an eigenen Ressourcen der jeweiligen Partei orientieren:

- Lassen Sie die Konfliktparteien Vorstellungen entwickeln, worin ihr eigener Beitrag zu einer effektiven Konfliktlösung liegen könnte.

- Arbeiten Sie mit ihnen heraus, welche Schritte sie selbst tun können.
- Unterstützen Sie, wo immer möglich, diese autonomen Gestaltungsmöglichkeiten.
- Überprüfen Sie, ob persönliche Ressourcen angereichert oder entwickelt werden sollen, z. B. Stresstoleranz, Einfühlungsvermögen, Problemlösefähigkeit.

Das Gespräch wird mit offenen Fragen geführt. Von besonderem Interesse ist dabei die Frage, wie die Partei die andere Seite wahrnimmt und wie sie ihre eigene Verantwortung für den Konfliktverlauf sieht. Weitere Interventionen sind

- Konfrontation der Parteien mit kritischen Äußerungen. Das geht erst, wenn Vertrauen zum Mediator und zum Prozess entstanden ist.
- Aufzeigen von Stärken und Schwächen der jeweiligen Vorschläge.
- Aufzeigen von Interessengegensätzen und widersprüchlichen Interessen.
- Zusammenfassen und Test möglicher Lösungen.

## 4. Gemeinsame Sitzung bzw. Wechseldiplomatie

In der gemeinsamen Sitzung soll ein Übereinkommen erreicht werden. Folgende Verfahren werden hierzu eingebracht:

a) Eintextverfahren

Der Mediator stellt einen vorbereiteten Text mit Lösungs- und Einigungsvorschlägen zur Diskussion. An diesem wird solange diskutiert und gefeilt, bis die Parteien in der Lage sind, den Text zu unterzeichnen.

b) Aktionsplan

In einem Aktionsplan werden alle notwendigen Handlungsschritte der Parteien A und B aufgelistet. Weitere Einzelgespräche sind bei folgenden Gegebenheiten sinnvoll:

- Die Parteien sind noch nicht in der Lage, die angedachten Lösungen umzusetzen, weil die Feindseligkeiten zu groß sind.

- Die Parteien sind unfähig, die gemeinsame Verhandlung konstruktiv zu führen, z. B. bei heftigen emotionalen Ausbrüchen. In diesem Fall ist es sinnvoll, die gemeinsamen Treffen zu unterbrechen.

Die Einzeltreffen werden immer so eröffnet, dass der Mediator die wesentlichen Punkte des Treffens mit der anderen Seite zusammenfasst.

### 5. Abschlusstreffen

In dieser letzten Sitzung kommt es zum Abschluss der Mediation. Die Verhandlungsergebnisse werden einer genauen Prüfung unterzogen. Folgende Kriterien müssen berücksichtigt werden[83]:

**Prüffragen**

- Haben die Parteien irgendwelche Anmerkungen und Kritik zum Übereinkommen?
- Sind alle entscheidenden Interessen der Parteien berücksichtigt?
- Widerspricht das Übereinkommen irgendwelchen äußeren Gegebenheiten?
- Gibt es Personen, die mit dem Übereinkommen möglicherweise nicht übereinstimmen?
- Ist das Übereinkommen auch langfristig durchzuhalten?

Mediation ist in Deutschland noch nicht weit verbreitet. Erst in den letzten Jahren hat sie im Zusammenhang mit Trennung und Scheidung Bedeutung erhalten. Wirtschaftsmediation ist noch beinahe unbekannt. Das ist um so bedauerlicher, als man weiß, dass die meisten Belastungen von Beschäftigten im psychosozialen Umfeld begründet sind: Es ist der Streit mit den Kollegen, der Führungsstil des Chefs, es sind Intrigen und Konkurrenzdenken, mangelhafte Partizipation bei Entscheidungen

---

[83] Nach Altmann u. a. 1999, 92 f.

und Neuerungen und Unklarheit der Ziele, die es den Menschen in der Arbeit schwer machen.

Viele dieser Konflikte können mit Konfliktmoderation oder Mediation fair und ohne hohen Kostenaufwand bewältigt werden. Nicht immer ist hierfür eine externe Beratung zu bezahlen. Notwendig ist aber, dass das entsprechende Know-how in Teilen der Organisation vorhanden ist und dass diese Ressource von den Betroffenen rechtzeitig und unbürokratisch aktiviert werden kann. Man muss wissen, an wen man sich im Konfliktfall wenden kann, und man muss die Verfahren kennen und akzeptieren. Neutralität der Moderatoren und Mediatoren und Vetrauen in das Vorgehen sind Grundvoraussetzungen. Im Anhang finden Sie dazu Adressen.

## Systemvoraussetzung:

PC ab 486er Prozessor; mindestens 8 MB RAM; 6 MB freier Festplattenspeicher (bei Installation des Internet-Explorer 5.0 light ca. 30 MB); CD-ROM-Laufwerk; Betriebssystem Windows 95 oder Windows NT; Microsoft Internet Explorer 4.0 oder höher (ist auf der CD enthalten) gestartet.

## So installieren und starten Sie das Programm

1. Legen Sie die CD-ROM in das Laufwerk Ihres PCs.

2. Aktivieren Sie im Start-Menü von Windows den Befehl „Ausführen".

Geben Sie den Buchstaben Ihres CD-ROM-Laufwerks und Setup ein (z. B.: D:\SETUP).

Das Installationsprogramm wird nun gestartet.

**Wichtig:** Unsere CD-ROMs werden mit größter Sorgfalt erstellt und versiegelt. Sollte die Tasche beschädigt sein, bitte die CD-ROM nicht verwenden, sondern den Verlag unterrichten. Bitte informieren Sie sich vor dem Einsatz der CD-ROM durch die Installationsanweisung über Bedienung und Funktion des Programms.

# Stichwortverzeichnis

H



I



K

## W



## Z

# Anhang

## Verwendete und empfohlene Literatur


- Altmann/Fiebiger/Müller, Mediation. Konfliktmanagement für moderne Unternehmen, Weinheim und Basel, 1999
- Beck/Schwarz, Konfliktmanagement, Alling, 1995
- Berkel, Konflikttraining. Konflikte verstehen, analysieren, bewältigen, Heidelberg, 1997
- Berckhan, Die etwas gelassene Art, sich durchzusetzen. Ein Selbstbehauptungstraining für Frauen, München 1995
- Besemer, Mediation. Vermittlung in Konflikten, Darmstadt 1994
- Deppe/Peters, Renaissance in der Führungsrolle, in Gablers Magazinheft 9, Wiesbaden 1993
- Doppler/Lauterburg, Change management. Den Unternehmenswandel gestalten, Frankfurt/New York 1995
- Emmerich/Krell, Managing Diversity-Trainings, in Krell (Hrsg.), Chancengleichheit durch Personalpolitik, Wiesbaden 1998, S. 369 ff.
- Esser/Wolmerath, Mobbing. Der Ratgeber für Betroffene und ihre Interessenvertretung, Frankfurt a. M., 1998
- Fehlau, Konflikte im Beruf, Erkennen, lösen, vorbeugen, Planegg, 2000
- Fisher/Ury, Das Harvard-Konzept. Sachgerecht verhandeln, erfolgreich verhandeln, Frankfurt 1984
- Francis/Young, Mehr Erfolg im Team. Ein Trainingsprogramm zur Verbesserung der Leistungsfähigkeit in Gruppen, Hamburg, 1992
- Gardenswartz/Rowe, Managing Diversity, New York 1998

- Glasl, Selbsthilfe in Konflikten, Konzepte, Übungen, praktische Methoden, Stuttgart, 2000
- Glasl, Konfliktmanagement. Ein Handbuch für Führungskräfte und Berater, Bern – Stuttgart, 1992
- Höher/Höher, Handbuch Führungspraxis Kirche. Entwickeln, Führen und Moderieren in zukunftsorientierten Gemeinden, Gütersloh, 1999
- Jost, Strategisches Konfliktmanagement in Organisationen. Eine spieltheoretische Einführung, Wiesbaden, 1998
- Kellner, Konflikte verstehen, verhindern, lösen. Konfliktmanagement für Führungskräfte, München – Wien, 1999
- Koall, Managing Gender & Diversity, Münster 2001
- Krell, Managing-Diversity: Optionen für mehr Frauen in Führungspositionen, in Peters/Bensel (Hrg.), Frauen und Männer im Management. Diversity in Diskurs und Praxis, Wiesbaden, 2000
- Leymann, Mobbing. Psychoterror am Arbeitsplatz und wie man sich dagegen wehren kann, Reinbek bei Hamburg 1993
- Lumma, Die Teamfibel, Hamburg 1994
- Lumma, Strategien der Konfliktlösung. Betriebliches Verhaltenstraining in Theorie und Praxis, Hamburg 1992
- Neuberger, Miteinander arbeiten – miteinander reden! München 1992
- Regnet, Streß und Möglichkeiten der Streßhandhabung, in: Rosenstiel/Regnet/Domsch, Führung von Mitarbeitern, Handbuch für erfolgreiches Personalmanagement, Stuttgart 1995
- Schulz von Thun, Miteinander reden, 3 Bände, Reinbeck 1994
- Schwarz, Konfliktmanagement. Konflikte erkennen, analysieren, lösen, Wiesbaden 1999
- Senge/Kleiner/Smith Roberts/Ross, Das Fieldbook zur Fünften Disziplin, Stuttgart 1996

- Thomas, Management of Diversity, Neue Personalstrategien für Unternehmen, Wiesbaden 2001
- Ury, Konfliktmanagement. Wirksame Strategien für den sachgerechten Interessenausgleich, Frankfurt/New York 1991
- Wack/Detlinger/Grothof, Kreativ sein kann jeder, Hamburg 1993
- Wagner/Sepehri, „Managing Diversity" Eine empirische Bestandsaufnahme, in Personalführung 7/2000, S. 50 ff.
- Wagner/Sepehri, Managing Diversity – Wahrnehmung und Verständnis im Internationalen Management, in Personal 9/2000, S. 456 ff.
- Weibler, Master Competence für weltweit agierende Führungskräfte, in Personal 1/2000, S. 32 ff.

- Adressen

- Die Autoren
Dipl.–Päd. Friederike Höher und Dipl.-Päd. Peter Höher
Heinrich-Overbeck-Weg 5 b, 58239 Schwerte
Telefon +49/2304/72023, Telefax +49/2304/99 07 39
E-Mail: FriederikeHoeher@aol.com, Phoeher@aol.com

- Konfliktmanagementberatung, Mediation, Trainings, Konfliktmanagementberatung und Coaching
Peter Höher, Kienbaum Managment Consultants GmbH
Ahlefelder Straße 47, 51645 Gummersbach
Telefon +49/2261/703-651, Telefax +49/2261/703-650
E-Mail: peter.hoeher@kienbaum.de
Internet: http://www.kienbaum.de/

- Ausbildung Konfliktmoderation und Mediation, Interkulturelle Mediation
Dr. Gerhard Fatzer, Institut für Organisationsentwicklung Zürich
TRIAS, Brunnenwisstraße 17, CH-8627 Grüningen
Telefon/Telefax +41/1/9 36 14 81
E-Mail: trias.ch@active.ch, Internet: http://www.trias.ch/

- Konflikt- und Kommunikationstrainings (mit Schwerpunkt Frauenförderung)
profitraining, Hüttmannsweg 10, 24641 Hüttblek
Telefon +49/4194/98 09 033, Telefax +49/4194/98 09 034
E-Mail: info@profitrainig-online.de
Internet: http://www.profitraining-online.de

- Managing Diversity/Managing Diversity Weiterbildung
*DiVersion* – Managing Gender & Diversity, Universität Dortmund und Institut Kirche und Gesellschaft
c/o Friederike Höher, Berliner Platz 12, 58638 Iserlohn
Telefon +49/2371/352-151, Telefax: +49/2371/352-189
E-Mail: F.Hoeher@kircheundgesellschaft.de,
ikoall@fb12.uni-dortmund.de

- Mobbingberatung
  Mobbingtelefon: Gemeinsame Einrichtung von DAG, kda und AOK (Beratung von Betroffenen)
  Tel.: +49/40/20 23 02 09
  Mobbingzentrale e. V. (Selbsthilfegruppen, Fachleute)
  Fersenweg 553, 21037 Hamburg
  Tel.: +49/40/79 31 96 27
  Internet: http://www.mobbing-zentrale.de
  http://www.antimobbing.de (Checkup für Unternehmen)

## Diagnose-Checklisten[84]

### WER IST AM KONFLIKT BETEILIGT?

- Wer ist eigentlich betroffen? Personen? Gruppen? Abteilungen?
- Ist die Zugehörigkeit zu einer der Konfliktparteien eindeutig?
- Wer sind die Schlüsselpersonen der Konfliktparteien?
- Welchen inneren Zusammenhalt haben die Parteien?
- Was sind die drei größten Stärken, was die drei größten Schwächen jeder Konfliktpartei?
- Wie ist die Abhängigkeit der Parteien voneinander? Welche Forderungen kann eine Partei auf Grund ihrer Position an die andere stellen?
- Welche Verbündete stehen hinter den Parteien?
- Gibt es am Konflikt interessierte Dritte?
- Wie verhält man sich gegenüber indifferenten Personen?
- Wie sehen die Parteien sich wechselseitig?
- Welche Grundeinstellungen und Werte vertreten die Parteien?
- Welche Interessen?
- Über welche persönlichen Ressourcen verfügen sie (s.u.)?

---

[84] Viele Anregungen haben wir Beck/Schwarz, 1995, und einige Berkel, 1997, entnommen.

## Was ist das Thema?

- Was sind die zentralen Konfliktthemen, Konfliktinhalte und -gegenstände (Issues)?
- Welche Themen bringen die unterschiedlichen Parteien vor? Welche werden von allen gleichermaßen als Konfliktthema angesehen?
- Welche Themen haben für welche Parteien starke oder weniger starke Bedeutung?
- Wie weit kennen die Beteiligten die Konfliktinhalte der Gegenseite?
- Gibt es unterschiedliche Sichtweisen, Überschneidungen?
- Welche Schlussfolgerungen ziehen die Beteiligten aus ihrer Sicht der Ursachen?
- Welche Veränderungsschritte halten sie für notwendig?

## Welche Erscheinungsform hat der Konflikt?

- Handelt es sich um einen Sach- oder Beziehungskonflikt?
- Glauben die Beteiligten noch, dass sie zu einer Übereinstimmung kommen können?
- Welche Rolle spielen die Emotionen im Konflikt?
- Ist es ein „heißer" oder ein „kalter" Konflikt?
- Ist der Konflikt formlos oder gibt es Regeln und Instanzen zur Konfliktbearbeitung? Werden sie genutzt?

## Wie hat sich der Konflikt entwickelt?

- Was hat den Konflikt ausgelöst? Welche „kritischen" Ereignisse haben ihn verschärft?
- Welche Eskalationsstufe hat der Konflikt erreicht? Worin bestehen die eventuellen Hemmschwellen, damit der Konflikt nicht auf die nächste Stufe gerät?
- Reden die Parteien noch miteinander, reagieren sie inzwischen heftig aufeinander oder kämpfen sie bereits gegeneinander?
- Welche Verhaltensmuster treten zwischen ihnen immer wieder auf?
- Wie versucht die eine Partei die andere dazu zu bringen, auf ihre Anliegen einzugehen?
- Was erleben die Konfliktparteien als positive oder als negative Wendepunkte im Konfliktverlauf („kritische Momente")?

- Was ist geeignet, den Konflikt zu intensivieren, was schwächt ihn?
- Gibt es Situationen oder Anlässe, in denen eine Distanzierung vom Konflikt möglich ist? Wann mehr, wann weniger?
- Was versprechen sich die Partcien von einer Fortsetzung des Konflikts?

### Was wurde schon unternommen, um den Konflikt zu lösen?

- Welche Strategien werden von wem wann eingesetzt?
- Wer greift wann auf Regeln oder Instanzen zur Konfliktbearbeitung zurück?
- Welche Lösungsversuche hat es bisher schon gegeben, mit welchen Auswirkungen?
- Wer hat sie initiiert, wer blockiert, wer hielt sich heraus?
- Gab es in der Vergangenheit schon Strategien, die eher lösungsfördernd waren? Warum wurden sie nicht weiter verfolgt?
- Welche Erklärungen haben die Beteiligten für den Abbruch bzw. das Scheitern?
- Wie häufig flammen dieselben Konflikte wieder neu auf, wenn sie auf die geschilderte Weise angegangen werden?

### Welche Ressourcen stehen zur Verfügung?

Ideell-kulturell

- Welche Verfahren oder Strategien der Konfliktbewältigung sind in der Organisation bereits bekannt?
- Behindern unklare, widersprüchliche Normen, Gesetze, Regeln oder mangelnde Informationen den Einsatz konstruktiver Strategien?
- Welche Umgangsweisen werden von Vorgesetzten oder von Kollegen oder Kolleginnen positiv verstärkt, welche blockiert (formell oder informell)?
- Sind die bei der Personalentwicklung eingesetzten Verfahren geeignet, Kommunikations- und Konfliktfähigkeit zu überprüfen?
- Spielen Kommunikations- und Konfliktfähigkeit im Rahmen von Personalentwicklung eine Rolle? Für welche Personen oder Personengruppen?

- Inwiefern behindert oder fördert die gelebte Unternehmenskultur (Normen, Sitten, Gebräuche) tragfähige, kostengünstige Konfliktlösungen?

Persönliche Ressourcen

- Sind die Parteien und Personen mit sachbezogener und interessenorientierter Verhandlung vertraut?
- Wie gut können sie einander zuhören und nach kreativen Lösungen suchen?
- Welche Erfahrungen haben Mitarbeiter und Vorgesetzte mit solchen Strategien gemacht?

Soziale Unterstützung

- Gibt es Personen, die (in oder außerhalb der Einrichtung/des Unternehmens) von den Konfliktparteien um Unterstützung gebeten werden können?
- Wer bittet sie um Hilfe? Mit welchem Ergebnis oder Erfolg?
- Welche Rolle spielen die Führungskräfte beim Umgang mit Konflikten?
- Welche Verbündeten haben die Konfliktparteien?

Materiell

- Reichen Geld- und Sachmittel für die zu bewältigenden Aufgaben aus?
- Welche Rolle spielt der Mangel an Geld und Sachmitteln? Welche Konfliktfälle entstehen daraus?
- Welche Rolle spielt der Mangel an Personal?
- Welche Rolle spielt der Zeitdruck?

# Checklisten zum Konfliktpotenzial einer Organisation

## Die Identität einer Organisation

- Ist die Kernaufgabe den Mitarbeitern und Führungskräften klar?
- Entspricht der Zweck der Organisation noch den aktuellen Anforderungen? Oder ist eine Überprüfung, Klärung, Neubestimmung erforderlich?
- Welche Rolle spielt das Profil der Organisation für die Gestaltung der Außenbeziehungen (zu Kunden, Kooperationspartnern, Geldgebern)?
- Wie stehen die Führungskräfte, die Mitarbeiter, die Kunden zum Zweck und zum Selbstverständnis der Organisation?
- Können die Mitarbeiter einen Bezug zwischen dem Organisationszweck und den eigenen Aufgaben herstellen? Wie weit identifizieren sie sich mit dem Organisationszweck?

## Policy

- Gibt es Mission Statements, Strategien, Programme zur Konkretisierung der Kernaufgaben?
- Sind diese Leitsätze den Mitarbeitern bekannt, sind sie transparent?
- Können die Beschäftigten die Unternehmenspolitik nachvollziehen?
- Wie klar sind die Leitsätze? Sind informelle, ungeschriebene Programme erkennbar? In welchem Verhältnis stehen diese zu den offiziell propagierten Leitsätzen?
- Welche Personen/Gruppen stehen hinter welchen Leitsätzen?
- Welche Personen ignorieren, umgehen, bekämpfen sie?
- Welche Personen/Gruppen verfügen in der Organisation über starken Einfluss oder reale Macht? Wer hat weniger Einfluss?
- Inwieweit deckt sich dies mit der formellen Position?
- Welche Einstellungen, Werte und Verhaltensweisen prägen die Führung?
- Wie laufen Entscheidungsprozesse ab?
- Welche Entscheidungsarten werden bevorzugt?

### Struktur

- Wie ist die Organisation aufgebaut? Welches Denken, welche Werte, welches Konzept stehen dahinter?
- Wie zweckdienlich sind die Organisationskonzepte im Hinblick auf die Kernaufgaben, die aktuellen Ziele, die zur Verfügung stehenden Ressourcen?
- Überschauen Mitarbeiter die Organisationsstruktur? Finden sich die Mitarbeiter darin zurecht?
- Stehen Aufgaben, Kompetenzen, Verantwortung, Gehalt in einem angemessenen Verhältnis?
- Wie viel Planung, Kontrolle, Gestaltungsmöglichkeiten lässt die eigene Funktion zu?
- Welche Abhängigkeiten resultieren aus der Aufgaben– und Kompetenzverteilung?
- Wie werden Arbeits-, Aufgaben- und Kompetenzverteilung akzeptiert?

### Menschen, Gruppen, Klima

- Wie werden die Mitarbeiter in ihren Kompetenzen gefordert und eingesetzt? Wie werden ihre Potenziale dabei entwickelt?
- Welche Bedürfnisse, Interessen, Ziele haben die Mitarbeiter in der Organisation? Wie werden sie berücksichtigt?
- Welche Rolle spielen Macht, Status, Karriere?
- Wie wird das Betriebsklima von den Mitarbeitern erlebt? Woher wissen Sie das?
- Welche formellen/informellen Positionen/Beziehungen gibt es?
- Wer hat öfter, wer weniger Kontakt mit wem (formell/offiziell und informell/inoffiziell)?

### Prozesse

- Wie sind Funktionen/Aufgaben aufeinander abgestimmt?
- Gibt es Engpässe, Schwachstellen, Umwege, Verzögerungen im Ablauf?
- Sind die Abläufe Zielen ausgerichtet?
- Sind die Abläufe an Unternehmenspolitik, Strategien, Strukturkonzepten ausgerichtet?

- Welche Abhängigkeiten bestehen?

## Ressourcen

- Wie menschengerecht sind eingesetzte Mittel, Maschinen, Technologien?
- Wie zweckmäßig oder unzweckmäßig sind sie?
- Wie viel Zeit steht wem für die Aufgabenerfüllung zur Verfügung? Ist das angemessen?
- Welche Gestaltungsspielräume für individuelle Arbeitszeitwünsche stehen zur Verfügung?
- Gibt es Gruppen- oder Teamarbeit?
- Übernehmen die Führungskräfte Verantwortung für Konfliktregulierung?

## Organisatorische Anpassungen

- Welches Konfliktpotenzial resultiert für wen aus geplanten oder in Angriff genommenen Veränderungen der Organisation?
- Wird an Out- bzw. Insourcing-Maßnahmen gedacht? Wie sieht dann die Steuerungskompetenz des Unternehmens aus? Was bedeutet dies für die betroffenen Bereiche, Abteilungen und Mitarbeiter?
- Bieten sich flachere Hierarchieebenen an? Was sind die Konsequenzen?
- Arbeitet das Unternehmen mit dynamischen Stellen- und Positionsprofilen?

# Fragebogen

» Kienbaum Konflikt Fragebogen

erstellt von

Sandra Geiger

## Über diesen Fragebogen

Der Kienbaum Konflikt Fragebogen soll dazu beitragen, Ihr Verhalten in Konfliktsituationen und die damit zusammenhängenden Persönlichkeitsdimensionen zu verdeutlichen. Der Fragebogen erfasst, wie Sie sich auf verschiedenen Einschätzungsdimensionen im zwischenmenschlichen und motivationalen Bereich beschreiben.

Ihr beantworteter Fragebogen wird ausführlich von den Kienbaum Management Consultants GmbH ausgewertet. Sie erhalten nach der Zusendung Ihres ausgefüllten Fragebogens und nach Überweisung einer Kostenbeteiligung von derzeit DM 50.- (25,55 Euro) ein übersichtliches Ergebnisprofil sowie ein Kurzgutachten, welches Ihr Profil verständlich erklärt.

Senden Sie Ihren ausgefüllten Fragebogen bitte an:

Kienbaum Management Consultants GmbH

„Kienbaum Konflikt Fragebogen“

Frau Ursula Osberghaus

Ahlefelder Str. 47

51645 Gummersbach

Fax: 02261 / 703 – 650

Tel: 02261 / 703 – 651

Bitte überweisen Sie den Kostenbeitrag von 25,55 Euro

(50,00 DM) an:

Kienbaum Management Consultants GmbH

Commerzbank Gummersbach

Bankleitzahl 384 400 16

Kontonummer 775 613 300

Verwendungszweck „KKF – Name, Vorname“

Sie erhalten nach Zahlungseingang umgehend Ihre persönliche Auswertung per Post zugesandt.

## Anleitung

Auf den folgenden Seiten finden Sie eine Reihe von Aussagen und Situationsdarstellungen, die Ihr Verhalten und Ihre Einstellung zu Konflikten betreffen. Bitte lesen Sie sich jede Aussage einzeln durch und entscheiden Sie, inwieweit der Inhalt für Ihre Person in Ihrem beruflichen Umfeld zutrifft.

Wenn Sie mit der Aussage übereinstimmen oder wenn die Aussage auf Sie persönlich zutrifft, so markieren Sie das entsprechende Feld in der Spalte „trifft zu“. Wenn Sie mit der Aussage nicht übereinstimmen oder wenn sie auf Ihre Person nicht zutrifft, markieren Sie bitte das entsprechende Feld in der Spalte „trifft nicht zu“. Daneben gibt es zwei weitere Abstufungen „trifft überwiegend zu“ bzw. „trifft eher nicht zu“. Es gibt hier keine richtigen oder falschen Antworten, vielmehr ist Ihre persönliche Einschätzung gefragt.

Damit der Fragebogen Ihnen eine zuverlässige Rückmeldung über Ihr Verhalten in Konfliktsituationen im Vergleich zu anderen Personen der Vergleichsgruppe geben kann, ist es notwendig, dass Sie offen und ehrlich antworten, wie Sie sich selbst in diesen bestimmten Punkten sehen. Bitte gründen Sie Ihre Antworten daher auf eine realistische Einschätzung der eigenen Person und Ihrem tatsächlichen Verhalten im beruflichen Alltag.

Sie werden bei der Bearbeitung des Fragebogens erkennen, dass einige Aussagen inhaltlich ähnlich aufgebaut sind. Die Verwendung ähnlich wirkender Aussagen ermöglicht eine differenzierte Rückmeldung. Bitte beantworten Sie deshalb jede Aussage spontan und ohne Rücksicht auf Ihre bisherigen Antworten. Bei der Auswertung des Fragebogens werden nicht die Einzelantworten analysiert, sondern Ihre einzelnen Antworten werden zu Summen zusammengefasst.

## Kienbaum Konflikt Fragebogen

**Ihre Anschrift** ______________________________

______________________________

______________________________

**Datum** ________________

**Alter** ________

**Geschlecht** ☐ M ☐ W

**Aufgabenbereich**

☐ 1. Marketing
☐ 2. Vertrieb / Verkauf
☐ 3. Rechnungswesen / Controlling
☐ 4. Personal
☐ 5. EDV / Organisation
☐ 6. Produktion
☐ 7. Entwicklung & Konstruktion
☐ 8. Sonstiges ____________________

**Position**

☐ 1. Sachbearbeiter/in
☐ 2. Gruppenleiter/in
☐ 3. Abteilungsleiter/in
☐ 4. Hauptabteilungs-/ Bereichsleiter/in
☐ 5. Geschäftsführer/in / Vorstand
☐ 6. Sonstiges ____________________

| | Trifft zu | | | Trifft nicht zu |
|---|---|---|---|---|
| 1. Man sagt von mir, dass ich andere begeistern kann. | ○ | ○ | ○ | ○ |
| 2. Ich habe es nicht gern, wenn Dinge ungewiss und unvorhersehbar sind. | ○ | ○ | ○ | ○ |
| 3. Andere bestätigen mir oft, dass ich rasch herausfinde, was sie wirklich innerlich beschäftigt. | ○ | ○ | ○ | ○ |
| 4. Es dauert sehr lange, bis mich etwas aus der Ruhe bringt. | ○ | ○ | ○ | ○ |
| 5. Bei Konflikten warte ich lieber darauf, dass der andere auf mich zugeht. | ○ | ○ | ○ | ○ |
| 6. Wenn mein Vorgesetzter sich mir gegenüber kühl und reserviert verhält, frage ich mich, was ich falsch gemacht habe. | ○ | ○ | ○ | ○ |
| 7. Meine Kollegen meinen, ich sei ein Einzelkämpfer. | ○ | ○ | ○ | ○ |
| 8. Wenn ich unter Zeitdruck stehe, bin ich häufig gereizt oder überempfindlich. | ○ | ○ | ○ | ○ |
| 9. Ich vermeide Gespräche, in denen ich massiven Einfluss auf andere nehmen muss. | ○ | ○ | ○ | ○ |
| 10. Ich schiebe Probleme häufig vor mir her. | ○ | ○ | ○ | ○ |
| 11. Ich kann mich besser als andere in die Situation meiner Kollegen und Mitarbeiter hineindenken. | ○ | ○ | ○ | ○ |
| 12. Ich bin eher spontan-gefühlsbetont als sachlich-kontrolliert. | ○ | ○ | ○ | ○ |
| 13. Es stört mich, wenn etwas Unerwartetes meinen gewohnten Tagesablauf unterbricht. | ○ | ○ | ○ | ○ |

| | Trifft zu | | | Trifft nicht zu |
|---|---|---|---|---|
| 14. Statt mit jemandem eine Auseinandersetzung zu beginnen, stimme ich lieber mit ihm überein. | ○ | ○ | ○ | ○ |
| 15. Wer anderen seine beruflichen Ziele transparent macht, ist naiv. | ○ | ○ | ○ | ○ |
| 16. Wenn andere streiten, halte ich mich heraus. | ○ | ○ | ○ | ○ |
| 17. Ich schaffe es, die Stimmung anderer in meinem Sinne zu verändern. | ○ | ○ | ○ | ○ |
| 18. Kompromisse sind mir in der Regel lieber als eindeutige Entscheidungen auf Kosten anderer. | ○ | ○ | ○ | ○ |
| 19. Man merkt mir meine Gereiztheit an, wenn Dinge nicht nach meiner Vorstellung verlaufen. | ○ | ○ | ○ | ○ |
| 20. Mir fällt es leicht, auch in verzwickten Situationen immer wieder neue Lösungsansätze zu finden. | ○ | ○ | ○ | ○ |
| 21. Ich vertrete meine Meinung auch dann sehr offen, wenn das Gesprächsklima darunter leidet. | ○ | ○ | ○ | ○ |
| 22. Es beunruhigt mich, was andere Leute über mich denken. | ○ | ○ | ○ | ○ |
| 23. Manchmal bin ich auch stur. | ○ | ○ | ○ | ○ |
| 24. Ich bin mir oft nicht sicher, was meine Kollegen in Konfliktfällen wirklich bewegt. | ○ | ○ | ○ | ○ |
| 25. Ich vertrete meine Auffassungen weniger nachdrücklich als andere. | ○ | ○ | ○ | ○ |
| 26. Man muss im Berufsleben aufpassen, damit man von anderen nicht hintergangen wird. | ○ | ○ | ○ | ○ |

| | Trifft zu | | | Trifft nicht zu |
|---|---|---|---|---|
| 27. Es gelingt mir gut, mich aus schwierigen Situationen herauszuhalten. | ○ | ○ | ○ | ○ |
| 28. Ich verliere seltener die Nerven als andere. | ○ | ○ | ○ | ○ |
| 29. Manchmal bemerke ich, dass ich bei Diskussionen das Ziel aus den Augen verliere. | ○ | ○ | ○ | ○ |
| 30. In meinem Leben läuft in der Regel alles geordnet und planmäßig. | ○ | ○ | ○ | ○ |
| 31. Ich mag es nicht, andere Leute vor den Kopf stoßen zu müssen. | ○ | ○ | ○ | ○ |
| 32. In hitzigen Diskussionen werde ich schon einmal lauter. | ○ | ○ | ○ | ○ |
| 33. Ich möchte von anderen unabhängig sein und Probleme alleine lösen. | ○ | ○ | ○ | ○ |
| 34. Bevor eine Meinungsverschiedenheit zu starken Konflikten führt, bin ich zu Kompromissen bereit. | ○ | ○ | ○ | ○ |
| 35. Auch unerwartete Ereignisse bringen mich in der Regel nicht schnell aus der Fassung. | ○ | ○ | ○ | ○ |
| 36. Ich bin ein sehr temperamentvoller Mensch. | ○ | ○ | ○ | ○ |
| 37. Im Zweifelsfall lasse ich die Dinge lieber so, wie sie sind, anstatt etwas zu ändern. | ○ | ○ | ○ | ○ |
| 38. In einer Konfliktsituation verfolge ich immer zuerst meine eigenen Ziele. | ○ | ○ | ○ | ○ |
| 39. Gewöhnlich versuche ich, meinen Ärger nicht zu zeigen. | ○ | ○ | ○ | ○ |
| 40. Viele Leute warten darauf, dass andere einen Fehler machen. | ○ | ○ | ○ | ○ |

| | Trifft zu | | | Trifft nicht zu |
|---|---|---|---|---|
| 41. Es fällt mir sehr schwer, andere auf Probleme anzusprechen. | ○ | ○ | ○ | ○ |
| 42. Es passiert mir immer wieder, dass ich auf Einwände des Gesprächspartners nicht schlagfertig genug reagieren kann. | ○ | ○ | ○ | ○ |
| 43. Es ist mir immer wichtig, auf die Ansicht anderer Rücksicht zu nehmen. | ○ | ○ | ○ | ○ |
| 44. Auf persönliche Angriffe reagiere ich sehr empfindlich. | ○ | ○ | ○ | ○ |
| 45. Das Berufsleben gleicht oft einem Schachspiel, bei dem man sich jeden Zug genau überlegen muss. | ○ | ○ | ○ | ○ |
| 46. Ich halte es für besser, zurückhaltend zu sein. | ○ | ○ | ○ | ○ |
| 47. Mit vertrauten Gesprächspartnern fällt es mir schwer, nur auf der Sachebene zu verhandeln. | ○ | ○ | ○ | ○ |
| 48. Ich habe ein besonderes Gespür dafür, auch unterschwellige Konflikte zu erkennen. | ○ | ○ | ○ | ○ |
| 49. Manchmal wünschte ich, ich hätte ein dickeres Fell und würde die Dinge etwas leichter nehmen. | ○ | ○ | ○ | ○ |
| 50. In turbulenten Situationen fällt es mir sehr schwer, ruhig und gelassen zu bleiben. | ○ | ○ | ○ | ○ |
| 51. Manchmal bin ich zu nachgiebig. | ○ | ○ | ○ | ○ |
| 52. Ich lasse mir oftmals nicht anmerken, was ich wirklich denke. | ○ | ○ | ○ | ○ |

| | Trifft zu | | | Trifft nicht zu |
|---|---|---|---|---|
| 53. Ich schätze es, wenn ich ausreichend Zeit habe, um mich auf neue Situationen einzustellen. | ◯ | ◯ | ◯ | ◯ |
| 54. Ich nehme das Leben im Allgemeinen leicht. | ◯ | ◯ | ◯ | ◯ |
| 55. Ich kann andere gut dazu bringen, in meinem Sinn zu handeln. | ◯ | ◯ | ◯ | ◯ |
| 56. Wenn mir etwas nicht gefällt, sage ich es geradeheraus und schaffe klare Verhältnisse. | ◯ | ◯ | ◯ | ◯ |
| 57. Immer wieder ertappe ich mich, dass ich bei langatmigen Gesprächen in Gedanken abschweife. | ◯ | ◯ | ◯ | ◯ |
| 58. Wenn ich unter starkem Druck stehe, reagiere ich gereizt. | ◯ | ◯ | ◯ | ◯ |
| 59. Andere haben es schwer, in einer Diskussion mit mir die Oberhand zu gewinnen. | ◯ | ◯ | ◯ | ◯ |
| 60. Andere Leute lassen sich am einfachsten beeinflussen, wenn man ihnen das sagt, was sie hören wollen. | ◯ | ◯ | ◯ | ◯ |
| 61. Starke nervliche Belastungen können mich schon mal aus der Bahn werfen. | ◯ | ◯ | ◯ | ◯ |
| 62. Es ist effektiver, Dinge allein anzupacken als alles in der Gruppe auszudiskutieren. | ◯ | ◯ | ◯ | ◯ |
| 63. Ich habe oft unkonventionelle Ideen. | ◯ | ◯ | ◯ | ◯ |
| 64. Den meisten Leuten muss man deutlich sagen, wo es langgeht. | ◯ | ◯ | ◯ | ◯ |
| 65. Ich gehe gerne Risiken ein, auch wenn ich die möglichen negativen Konsequenzen kenne. | ◯ | ◯ | ◯ | ◯ |

| | Trifft zu | | | Trifft nicht zu |
|---|---|---|---|---|
| 66. Im Umgang mit anderen Menschen halte ich meine Gefühle meist zurück. | ○ | ○ | ○ | ○ |
| 67. Man sagt von mir, dass ich ein besonders guter Zuhörer bin. | ○ | ○ | ○ | ○ |
| 68. Spannungen mit meinen Kollegen kann ich nur schlecht ertragen. | ○ | ○ | ○ | ○ |
| 69. Ich bin manchmal zurückhaltend, obwohl ein etwas forsches Auftreten von Vorteil wäre. | ○ | ○ | ○ | ○ |
| 70. Anderen gegenüber bin ich misstrauisch. | ○ | ○ | ○ | ○ |
| 71. In schwierigen Situationen bringe ich manchmal nicht so viel Fingerspitzengefühl mit, wie ich mir wünschen würde. | ○ | ○ | ○ | ○ |
| 72. Im Laufe der Zeit erledigen sich viele Probleme von selbst. | ○ | ○ | ○ | ○ |
| 73. In einer schwierigen Verhandlung betrachte ich meinen Verhandlungspartner als Gegner. | ○ | ○ | ○ | ○ |
| 74. Ich bin ein ziemlich genauer Mensch, der versucht, möglichst alles korrekt und ordentlich zu erledigen. | ○ | ○ | ○ | ○ |
| 75. Mir gelingt es gut, andere auch dann von Ideen zu überzeugen, wenn ich anfangs auf Widerstand stoße. | ○ | ○ | ○ | ○ |
| 76. Um im Beruf erfolgreich zu sein, muss man oft mit verdeckten Karten spielen. | ○ | ○ | ○ | ○ |
| 77. Ich kann mich nicht um alle Konflikte meiner Mitarbeiter kümmern. | ○ | ○ | ○ | ○ |

| | Trifft zu | | | Trifft nicht zu |
|---|---|---|---|---|
| 78. In Konfliktsituationen bleibe ich meistens eher diplomatisch und lasse mir nicht anmerken, was ich wirklich denke. | ○ | ○ | ○ | ○ |
| 79. Ich gerate selten in Auseinandersetzungen mit anderen. | ○ | ○ | ○ | ○ |
| 80. Ich bin mir oft nicht sicher, wie mein Verhalten bei anderen ankommt. | ○ | ○ | ○ | ○ |
| 81. Ich schließe nur sehr ungern Kompromisse. | ○ | ○ | ○ | ○ |
| 82. Ich gehe lieber meinen eigenen Weg, anstatt nach vorgegebenen Regeln zu handeln. | ○ | ○ | ○ | ○ |
| 83. In Konfliktsituationen vertrete ich meist eine sehr harte Linie und lasse mir nichts gefallen. | ○ | ○ | ○ | ○ |
| 84. Es fällt mir nicht immer leicht, mich auf andere einzustellen. | ○ | ○ | ○ | ○ |
| 85. Oft rege ich mich zu rasch über jemanden auf. | ○ | ○ | ○ | ○ |
| 86. Ich fühle mich schnell entmutigt, wenn ich von anderen kritisiert werde. | ○ | ○ | ○ | ○ |
| 87. Ein gutes Verhältnis zu meinen Kollegen ist mir wichtiger als persönlicher Erfolg. | ○ | ○ | ○ | ○ |
| 88. Ich brauche eine Weile, bis ich zu anderen Menschen Vertrauen fasse. | ○ | ○ | ○ | ○ |
| 89. Ich löse ein Problem besser, wenn ich es allein durchdenke, statt mit anderen darüber zu sprechen. | ○ | ○ | ○ | ○ |
| 90. In hitzigen Diskussionen fällt es mir oft schwer, mich zurückzuhalten. | ○ | ○ | ○ | ○ |

| | Trifft zu | | | Trifft nicht zu |
|---|---|---|---|---|
| 91. Es gelingt mir, anderen offen und ehrlich meine Meinung zu sagen, auch wenn dies für sie unangenehm ist. | ○ | ○ | ○ | ○ |
| 92. Im Umgang mit anderen bin ich eher vorsichtig. | ○ | ○ | ○ | ○ |
| 93. Ich lasse mir nicht anmerken, wenn mich jemand persönlich getroffen hat. | ○ | ○ | ○ | ○ |
| 94. Ich mag es, Debatten kontrovers zu führen. | ○ | ○ | ○ | ○ |
| 95. Ich ziehe es vor, mich im Hintergrund zu halten, anstatt mich nach vorne zu drängen. | ○ | ○ | ○ | ○ |
| 96. Wenn Mitarbeiter Sorgen und Probleme haben, kommen sie damit eher zu mir als zu anderen. | ○ | ○ | ○ | ○ |
| 97. Es ist mir ziemlich egal, was andere hinter meinem Rücken über mich reden. | ○ | ○ | ○ | ○ |
| 98. Auch in grundsätzlichen Fragen soll man gelegentlich nachgeben. | ○ | ○ | ○ | ○ |
| 99. Eine harmonische Atmosphäre am Arbeitsplatz ist für mich persönlich von sehr großer Bedeutung. | ○ | ○ | ○ | ○ |